Die Bayerischen– Sächsischen– und Württembergischen Kavallerie–Regimenter 1913/1914

Die Bayerischen– Sächsischen– und Württembergischen Kavallerie–Regimenter 1913/1914

– Nach dem Gesetz vom 3. Juli 1913 –

Hugo F. W. Schulz

Weltbild Verlag

Abkürzungen:

Kav.	=	Kavallerie
Inf.	=	Infanterie
A.K.	=	Armee-Korps
Div.	=	Division
Brig.	=	Brigade
Kür.-Rgt.	=	Kürassier-Regiment
Drag.-Rgt.	=	Dragoner-Regiment
Hus.-Rgt.	=	Husaren-Regiment
Ul.-Rgt.	=	Ulanen-Regiment
Chevauleg.-Rgt.	=	Chevaulegers-Regiment
GFM	=	General-Feldmarschall
Kd.Gen.	=	Kommandierender General
Gen. d. Inf.	=	General der Infanterie
Gen. d. Kav.	=	General der Kavallerie
Gen. d. Art.	=	General der Artillerie
Gen.Lt.	=	Generalleutnant
Gen.Maj.	=	Generalmajor
Oberstlt.	=	Oberstleutnant
Maj.	=	Major
Stabsoffizier	=	Oberst, Oberstleutnant, Major
Kdr. d. Rgts.	=	Kommandeur des Regiments
Esk.	=	Eskadron — Einheit mit 100 bis 150 Mann
K.P.	=	Königlich Preußisch

Genehmigte Lizenzausgabe für
Weltbild Verlag GmbH, Augsburg 1992
© Copyright by Podzun-Pallas-Verlag GmbH,
Markt 9, 6360 Friedberg 3
Alle Rechte, auch das der fotomechanischen Wiedergabe
(einschließlich Fotokopie), vorbehalten.
Gesamtherstellung: Druckerei Appl, 8853 Wemding
Printed in Germany
ISBN 3-89350-342-0

INHALT

Anmerkungen

a) Die abgebildeten Original-Uniformen und Teile davon sind für den Betrachter vorwiegend aus einer Privat-sammlung zusammengestellt. Etwaige, den Bekleidungsvorschriften nicht vollständig entsprechende Aufma-chungen oder das teilweise Fehlen von Zubehör beeinträchtigen nicht das Gesamtbild der jeweils abgebilde-ten Uniform.

b) Die als Vignetten abgebildeten Uniformteile gehören nicht unbedingt zu den Uniformen, bei denen sie ste-hen.

c) Als ”Garnison” sind in der Regel die Standorte aufgeführt, in denen sich der Regimentsstab befand.

d) Die angegebenen Daten über die Teilnahme an Schlachten und Gefechten beziehen sich auf die Einsatztage der Regimenter und auf Angaben in den Regiments-Gefechtskalendern.

e) Die Literatur-Hinweise befinden sich unter den einzelnen Regimentsbeschreibungen.

VORWORT

Der vorliegende Band

"Die Bayerischen, Sächsischen und Württembergischen
Kavallerie-Regimenter 1913/1914"

stellt eine Ergänzung zu dem erschienenen Band
"Die Preußischen Kavallerie-Regimenter 1913/1914"
dar, so daß nunmehr alle 110 Kavallerie-Regimenter des Deutschen Bundes-Heeres nach dem Gesetz vom 3. Juli
1913 behandelt und beschrieben sind.

Die insgesamt 24 Kavallerie-Regimenter von Bayern, Sachsen und Württemberg standen nach der Friedensgliede-
rung 1913/1914 auch zu je zwei Regimentern in einer Kavallerie-Brigade, je zwei Kavallerie-Brigaden in einer
Infanterie-Division und je zwei Infanterie-Divisionen in einem Armee-Korps.
So basaß Bayern drei selbständige Armee-Korps:
      I. Kgl.Bayer.Armee-Korps München,
     II. Kgl.Bayer.Armee-Korps Würzburg und
    III. Kgl.Bayer.Armee-Korps Nürnberg
mit insgesamt sechs Kavallerie-Brigaden = zwölf Kavallerie-Regimentern:
      2 Schwere Reiter-Regimenter,
      2 Ulanen-Regimenter und
      8 Chevaulegers-Regimenter.
Die Kgl.Sächs. Kavallerie stand mit je zwei Kavallerie-Brigaden = acht Kavallerie-Regimentern
   im   XII.(Kgl.Sächs.) Armee-Korps Dresden und im
       XIX. (Kgl.Sächs.) Armee-Korps Leipzig
  mit 1 Garde-Reiter-Regiment,
       1 Karabinier-Regiment,
       3 Husaren-Regimentern und
       3 Ulanen-Regimentern.
Die Kgl.Württemb.Kavallerie stand mit zwei Kavallerie-Brigaden = vier Kavallerie-Regimentern im
       XIII. (Kgl. Württemb.) Armee-Korps Stuttgart
  mit 2 Dragoner-Regimentern und
       2 Ulanen-Regimentern.

Die Ausrüstungen und Uniformen der Kavallerie-Regimenter waren innerhalb des Deutschen Bundes-Heeres an-
geglichen. Die bayerische Kavallerie unterschied sich in einigen Uniform-Eigentümlichkeiten von den Kavallerie-
Regimentern der anderen deutschen Staaten.
Weitere, aber selbstverständliche Unterschiede erbrachten die bayerischen, sächsischen und württembergischen
Feldzeichen und Kokarden an den Kopfbedeckungen, die landeseigenen Helmbeschläge und die unterschiedlichen
Farben der Lanzenflaggen.
Alle Regimenter werden von den Stiftungstagen an mit genauen Bezeichnungen, Standorten und Namen ihrer
Regiments-Chefs bzw. Regiments-Inhaber bis zu ihrer Auflösung 1919 beschrieben, dazu wird über die Teilnah-
me an Feldzügen berichtet.
Verständlicherweise können nur die wichtigsten Ereignisse und Hinweise auf historische Vorgänge angeführt
werden, da sonst der gegebene Rahmen dieses Werkes gesprengt werden würde. Die angegebenen Literatur-
Hinweise erlauben es dem Interessierten, sich tiefer mit der jeweiligen Regiments-Historie zu befassen.
Zur Ergänzung der geschichtlichen Betrachtungen sind, soweit noch möglich, Aufnahmen von Original-Uniformen und von Original-Uniformzubehör bei den jeweiligen Regimentern beigestellt. Da jeder Uniformrock min-
destens 70 Jahre alt und getragen ist, können optimale Qualitätsansprüche an das Aussehen — Fasson und Farbe
— bei allen Stücken nicht mehr gestellt werden. Soweit spezielle Bekleidungsvorschriften von 1913/1914 nicht
oder nicht hinreichend erfüllt sind, liegt dies an dem nicht mehr Vorhandensein entsprechender Uniformteile,
was aber den Charakter der abgebildeten Uniformen nicht beeinträchtigt.

Bayerische Königsstandarte
1871 — 1918

Sächsische Königsstandarte
1871 — 1918

8

Die Einführung der Lanzen für Unteroffiziere und Mannschaften für alle Kavallerie-Regimenter der Deutschen Armee im Jahre 1899 war ein Schritt zu einer Einheits-Kavallerie. Die Ausbildungspläne bei den einzelnen Waffengattungen der Kavallerie wurden von nun an angeglichen und die besonderen Merkmale traten zurück.

Dieses Ergänzungswerk komplettiert die bis zum Ausbruch des Ersten Weltkrieges 1914 vorhanden gewesene Deutsche Kavallerie in ihren bunten Friedens-Uniformen, die dann 1914 endgültig dem schlichten Feldgrau weichen mußten.

Beide Bände geben dem Leser und Betrachter den geschichtlichen Rahmen über eine mobile Truppe, die in ihrer Art einzigartig war, aber nach Einführung der modernen Maschinenwaffen und später von Kraftfahrzeugen auf dem Gefechtsfeld entbehrlich wurde. Bereits der Erste Weltkrieg 1914-1918 gab mit seinen Stellungskämpfen an der Westfront kein Betätigungsfeld mehr für die Kavallerie.

So treten die stolzen Kavallerie-Regimenter aller deutschen Bundesstaaten, die aufgrund der Bestimmungen der Siegermächte von 1918 im Jahre 1919 aufgelöst werden mußten, noch einmal aus der Historie hervor und zeigen an, wie auch die gesamte Deutsche Kavallerie zur Einheit des Deutschen Reiches beigetragen hatte.

— Alte Schreibweisen, Regiments- und andere Bezeichnungen sind wegen der Verschiedenheiten und Ungenauigkeiten in der Regel dem Stand der Schreibweise 1913/1914 angepaßt worden. —

Hugo F. W. Schulz

Württembergische Königsstandarte
1871 — 1918

KÖNIGREICH BAYERN
Großes Wappen

Die Bayerische Kavallerie

Die Bayerische Heeres- und Kavallerie-Geschichte ist ein Teil der Geschichte Bayerns und des ältesten deutschen Herrschergeschlechts, dessen der Wittelsbacher. Das Stammherzogtum der Baiern unter dem Herzogsgeschlecht der Agilofinger erscheint 555 mit Garibald I. und endete im Jahre 788, als Karl der Große den letzten Agilofinger, Tassilo III., wegen seiner Beziehungen zu den Langobarden auf dem Reichstag zu Ingelheim absetzte und ins Kloster verbannte.

Der erste bekannte Wittelsbacher aus dem Hause der bayerischen Grafen von Scheyern, Markgraf Luitpold, der den Herzogtitel von Bayern annahm, fiel 907 als Führer des bayerischen Adels im Kampf gegen Ungarn.

Im Jahre 947 gab Kaiser Otto I., der Große, das Herzogtum Bayern an seinen Bruder Heinrich. Als Bundesgenosse der Staufer gewannen die Wittelsbacher das Herzogtum Bayern im Jahre 1180 von Kaiser Friedrich I. Barbarossa an Otto von Wittelsbach zurück.

Die folgenden wittelsbacher Herzöge mehrten zunächst ihre Hausmacht durch Landesteilungen und Zugewinne. Die Geschichte nahm einen wechselvollen Verlauf.

Durch Teilung entstanden 1255 die beiden Linien Oberbayern mit der Rheinpfalz und der Kurwürde und Niederbayern. Oberbayern erwarb erhebliche Außenbesitzungen wie Brandenburg, Tirol und Holland und beerbte 1340 die erlöschende niederbayerische Linie. Ende des 14. Jahrhunderts gingen die Außenbesitzungen der Wittelsbacher wieder verloren. Die Kurwürde blieb der pfälzischen Linie erhalten. Herzog Albrecht IV., der Weise, (1467-1508) machte den Landesteilungen durch eine Erstgeburtenordnung ein Ende.

In den folgenden Jahrzehnten wurde Bayern von Reformation und Gegenreformation geschüttelt. Herzog Maximilian I. (1597-1651), Führer der Gegenreformation in Deutschland, erhielt 1623 die pfälzische Kurwürde und verfügte bereits über ein 20.000 Mann starkes Landsknechtsheer mit Infanterie, Kavallerie und Artillerie. Nach dem Dreißigjährigen Krieg (1618-1648) löste er seine Truppen bis auf einen Rest wieder auf.

Kurfürst Ferdinand Maria (1651-1679) warb bei Kriegsgefahr Söldner an und entließ diese wieder nach Beendigung des Kriegszustandes.

Kurfürst Maximilian II. Emanuel (1680-1726) errichtete 1682 ein starkes und schlagkräftiges Heer mit sieben Infanterie- und vier Regimentern zu Pferde, diese waren:

Regiment zu Pferd Karl Marquis de Haraucourt (zuletzt 1. Chevauleg.-Rgt.),
Regiment zu Pferd Johann Bärtls von Wendern (1685 aufgelöst),
Regiment zu Pferd Louis Marquis Beauvau de Croan (zuletzt 2. Chevauleg.-Rgt.) und
Regiment zu Pferd Christoph Schütz von Schützenhofen (1757 aufgelöst).

Von 1683 bis 1688 stellte der Kurfürst seine Truppen Kaiser Leopold I. zum Kampf gegen die Türken (Wien 1683) zur Verfügung. Im Spanischen Erbfolgekrieg trat er jedoch gegen den Kaiser auf die Seite Frankreichs. In der Schlacht bei Höchstädt 1704 wurden Frankreich und Bayern vom Prinzen Eugen von Savoyen entscheidend geschlagen. Bayern wurde von den Kaiserlichen besetzt und die Armee fast völlig aufgelöst. Erst 1714 im Frieden von Baden wurde die über den Kurfürsten verhängt gewesene Reichsacht wieder aufgehoben.

Mit dem Tode des Kurfürsten Maximilian III. Joseph (1745-1777) erlosch die bayerische Linie der Wittelsbacher. Bayern fiel an den Kurfürsten Karl Theodor von der Pfalz (1777-1799). So kam zum bayerischen noch das pfälzische Heer mit neun Infanterie- und Kavallerie-Regimentern. Da sich Karl Theodor Gebietsansprüchen Kaiser Josephs II. auf bayerische Erbansprüche der Linie Pfalz-Zweibrücken geneigt zeigte, kam es 1778-1779 zum Bayerischen Erbfolgekrieg, in den König Friedrich II. von Preußen zu Gunsten der Linie Pfalz-Zweibrücken eingriff, um eine Stärkung Österreichs zu verhindern.

Nach dem Tode Karl Theodors kam Maximilian IV. Joseph (1799-1825) aus der Linie Pfalz-Zweibrücken zur Regierung. In seine Regierungszeit fallen die Napoleonischen Kriege.

Durch den Frieden von Preßburg 1805 wurde Bayern durch Napoleon I. Königreich. Der Kurfürst nahm am 1. Januar 1806 als König Maximilian I. Joseph die Königswürde an. Am 12. Juli 1806 mußte Bayern dem Rheinbund beitreten und damit Frankreich für die Expansionspläne Napoleons I. stets Hilfstruppen stellen. Für seine Hilfe gegen Österreich 1809 (Wagram) erhielt Bayern u. a. Regensburg, Berchtesgaden, Salzburg und Bayreuth.

Im Feldzug Napoleons I. gegen Rußland 1812 wurden die bayerischen Hilfstruppen von 30.000 Mann fast völlig vernichtet. Der König rüstete jedoch im Frühjahr 1813 wieder für Frankreich, trat dann aber vor der Völkerschlacht bei Leipzig (16. bis 19. Oktober 1813) im Vertrag von Ried am 8. Oktober 1813 zu den

Verbündeten — Österreich, Preußen und Rußland — über. Bayern gab den größten Teil der 1809 erworbenen Gebiete an Österreich zurück und erhielt auf dem Wiener Kongreß 1815 Würzburg, Aschaffenburg und die linksrheinische Pfalz. — Würzburg war im Reichsdeputationshauptschluß 1803 bereits an Bayern gefallen, mußte im Frieden von Preßburg 1805 jedoch wieder zurückgegeben werden. — Im Frühjahr 1815 hatte Bayern wieder 16 Infanterie- und zwölf Kavallerie-Regimenter (Gardes du Corps, Kürassiere, Husaren, Ulanen und Chevaulegers).

Nach dem Regierungswechsel forderte König Ludwig I. (1825-1848) Sparmaßnahmen und reduzierte die Armee. Die Kavallerie behielt noch acht Regimenter. Aufgrund der Unruhen Anfang 1848 wurde der König gezwungen, die "Märzforderungen" anzunehmen, worauf er am 20. März 1848 zu Gunsten des Kronprinzen Maximilian, des späteren Königs Maximilian II. (1848-1864), abdankte.

Bis zum Feldzug Preußen gegen Österreich von 1866, in dem Bayern mit den anderen süddeutschen Staaten auf Seiten Österreichs stand, wurde die bayerische Armee stark vernachlässigt. Dieses wirkte sich auch bei der Niederlage gegen die preußische Main-Armee aus. Noch im Jahre 1866 schloß Bayern ein Schutz- und Trutzbündnis mit Preußen ab. Ab 1868 wurde die bayerische Armee reorganisiert.

Nach erheblichen innenpolitischen Schwierigkeiten schloß König Ludwig II. (1864-1886), nachdem er an der Seite der anderen deutschen Staaten 1870 in den Krieg gegen Frankreich eingetreten war, am 20./23. November 1870 in Versailles den Vertrag über den Eintritt Bayerns in das Deutsche Reich, das am 18. Januar 1871 proklamiert wurde.

Die Kgl.Bayerische Armee behielt ihre Selbständigkeit mit zunächst zwei, später drei Kgl.Bayerischen Armee-Korps, die im Kriegsfalle dem Oberbefehl des deutschen Kaisers unterstanden.

Die eigentliche Geburtsstunde der bayerischen Armee und damit auch der bayerischen Kavallerie schlug am 29. Juni 1682, als Kurfürst Maximilian II. Emanuel,

wie bereits erwähnt, ein starkes und schlagkräftiges Heer errichtete. Die beiden ältesten Regimenter der bayerischen Kavallerie, das 1. und 2. Chevaulegers-Regiment, sind zu diesem Zeitpunkt errichtet worden. Ihre Anfänge reichen jedoch weit in die Zeit des Dreißigjährigen Krieges (1618-1648) zurück. Die bayerische Kavallerie kämpfte in einer wechselvollen Geschichte auf allen Kriegsschauplätzen Europas in verschiedenen Allianzen, gegen Türken, Russen und Tartaren, Engländer, Holländer, Preußen, Österreicher und Franzosen.

Die Regimenter wechselten ihre Bezeichnungen und Uniformen als Gardes du Corps, Kürassiere, Dragoner-Chevaulegers, Husaren, Ulanen, Leichte und Schwere Reiter.

Die zwölf bayerischen Kavallerie-Regimenter des Jahres 1913 führten in ihren Bezeichnungen den Namen des jeweiligen oder eines ehemaligen Regiments-Inhabers. Damit waren mit Ausnahme des jüngsten, erst im Jahre 1909 errichteten 8. Chevaulegers-Regiments, alle Regimenter mit Ehrenbenennungen und Inhabern ausgezeichnet worden.

Die Uniformen dieser Regimenter waren im ganzen schlicht, einfach und recht schmucklos. Sie wiesen verschiedene Unterschiede zu den Uniformen der Kavallerie-Regimenter der anderen deutschen Staaten auf. So waren Schulterstücke, Epauletts und Schulterklappen bei allen bayerischen Kavallerie-Regimentern ohne Zeichnung. Die langen Tuchhosen trugen die Farben des Waffenrocks mit breiten Streifen in Abzeichenfarbe.

Alle Kavallerie-Regimenter führten ab 1899 Stahlrohrlanzen mit Lanzenflaggen weiß-blau für Mannschaften und weiß mit Landeswappen für Unteroffiziere.

Der letzte Wittelsbacher-Regent, König Ludwig III. von Bayern (1913-1918), ging nach dem Zusammenbruch 1918 am 13. November 1918 außer Landes, verweigerte jedoch jede Abdankung und verstarb 1921.

Die Kgl.Bayerische Armee wurde aufgrund des Gesetzes der Siegermächte des Ersten Weltkrieges (1914-1918) vom 6. März 1919 aufgelöst.

Die Bayerischen Kavallerie-Regimenter 1913/1914

* * *

Ursprung, Aufgaben

Schwere Reiter Im Zusammenhang mit der Einführung des Lederhelms mit Spitze (sog. Pickelhaube) für die bayerische Kavallerie im Jahre 1879 erhielten die beiden, zur schweren Kavallerie gehörenden Kürassier-Regimenter die Bezeichnung "Schwere Reiter-Regimenter". Die Reiter mußten ihre Kürassierhelme und Stulpenhandschuhe ablegen — der Küraß war bereits Ende 1871 im Zuge der Neubewaffnung der Kürassiere mit Karabinern fortgefallen. — Sie erhielten nun eine schmucklose Uniform, die sich von den Infanterie-Uniformen nur durch die schwedischen Aufschläge und die roten Streifen an den langen Tuchhosen unterschied.

Die gefechtsmäßigen Aufgaben für die Schweren Reiter unterschieden sich nicht von denen der Kürassiere. Sie sollten in geschlossenem Angriff schlachtentscheidend als sog. Schlachtenkavallerie in den Kampf eingreifen.

Ulanen

Die Kgl. Bayerischen Ulanen-Regimenter unterschieden sich in Ursprung, Bewaffnung und dem polnischen Uniform-Vorbild nicht von den Ulanen der anderen deutschen Staaten (Preußen, Sachsen und Württemberg).
Sie trugen jedoch einen grünen Waffenrock (Ulanka), grüne Reithosen und grüne lange Tuchhosen mit karmoisinroten Doppelstreifen.
Die Ulanen zählten zur schweren Kavallerie.

Chevaulegers

Die Kgl.Bayerischen Chevaulegers-Regimenter waren eine Sonderheit und hatten eine alte Tradition.
Die französische Bezeichnung chevaulegérs bedeutet "leichte Reiter". Sie wurde ab 1790 in Bayern für leichte Kavallerie-Regimenter eingeführt.
— Diese entsprachen etwa den preußischen Dragoner-Regimentern. —
Der Schöpfer dieser Truppe war Graf von Rumford, ein 1753 in Nord-Amerika geborener Physiker, der während des Unabhängigkeitskrieges 1776 nach England floh und 1784 in bayerische Dienste trat. Er reorganisierte die bayerische Armee, führte die Kartoffel in Bayern ein und legte den Englischen Garten in München an. Er starb 1814 in Auteuil bei Paris.
Die Uniform der Chevaulegers war grün mit einem Waffenrock in Form einer Ulanka mit Paraderabatte, mit schwedischen Aufschlägen und "Pickelhaube". Sie unterschieden sich regimentsweise durch Abzeichenfarbe, Beschläge und Knöpfe.
1888 wurden die Raupenhelme gegen Pickelhauben eingetauscht. 1889/90 wurden die Stahlrohrlanzen eingeführt.
Als leichte Kavallerie hatten sie vor allem Patrouillen- und Erkundungsdienste durchzuführen. Die bayerischen Chevaulegers waren eine bei der Bevölkerung sehr beliebte Reiter-Truppe.

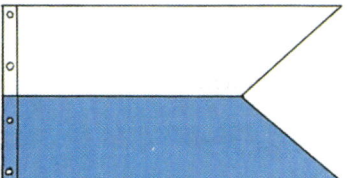 

1. Schweres Reiter-Regiment Prinz Karl von Bayern

I. Kgl. Bayerisches Armee-Korps	München;	Kd.Gen.: Gen. d. Inf. Ritter v. Xylander
1. Division	München;	Gen.Lt. Ritter v. Benzino
1. Kav.Brig.	München;	Gen.Maj. v. Staudt

Garnison: München
Inhaber des Regiments: GFM Leopold Prinz von Bayern, K.H.
Kdr. des Regiments: Major v. Tannstein gen. Fleischmann

Stiftungstag des Regiments: 16. Juli 1814

Standarte
des Kgl. Bayer. 1. Schweren
Reiter-Regiments Prinz Karl
von Bayern –
Vorderseite

Errichtung

Der Feldzug Napoleons I. gegen Rußland 1812 hatte die bayerische Armee vernichtet. Zu Beginn des Jahres 1813 befahl König Maximilian I. Joseph daher die Wiederaufstellung der untergegangenen Verbände. Am 28. Februar 1813 erfolgte das Aufgebot und die Mobilisierung der Nationalgarde.

So wurde durch Allerhöchsten Erlaß vom 26. März 1813 die Formierung der ersten Stammtruppe des Regiments, eines Regiments Nationalgarde zu Pferde, befohlen, zu dessen Inhaber der König seinen zweitgeborenen Sohn, den Prinzen Karl, ernannte. Das Regiment erhielt den Namen

"National-Chevaulegers-Regiment Prinz Karl".

Nach seiner Bestimmung durfte es nicht außerhalb der Grenzen des Königreiches verwendet werden. Als Sammelplatz wurde die Stadt Freising bestimmt und zum ersten Kommandeur wurde Oberstlt. v. Winkler ernannt.

Am 12. August 1813 wurde das Regiment auf eigenen Wunsch in ein Feldregiment, das außerhalb der Landesgrenzen kämpfen konnte, umgewandelt und erhielt die Bezeichnung

"7. Chevaulegers-Regiment Prinz Karl".

Aus diesem Regiment wurde durch Allerhöchsten Reskript vom 23. März 1815 das

"1. Kürassier-Regiment"

gebildet, das im November 1825 aufgelöst wurde.

Die zweite Stammtruppe des Regiments war das durch Allerhöchsten Erlaß vom 16. Juli 1814 errichtete

"Regiment Garde du Corps zu Pferde".

Kommandeur dieses Regiments war Oberstlt. Fürst v. Löwenstein-Wertheim. Es stand in München und erstattete als Garde-Regiment Rapport unmittelbar an die Person des Königs.

Nach dem Regierungswechsel im November 1825 erging durch König Ludwig I. Order, auch die Kavallerie aus Ersparnisgründen auf zwei Kürassier- und sechs Chevaulegers-Regimenter zu vermindern.

So fielen durch Verfügung vom 20. November 1825 die Sonderrechte für das Regiment Garde du Corps zu Pferde fort, es wurde durch zwei Eskadrons des aufgelösten 1. Kürassier-Regiments vermehrt und zu einem neuen

"1. Kürassier-Regiment Prinz Karl"

mit der Garnison München umformiert.

Im April 1879 wurde das Regiment mit dem Schwester-Regiment, dem 2. Kürassier-Regiment, in Schwere Reiter-Regimenter umbenannt und erhielt für sich die Benennung

"1. Schweres Reiter-Regiment Prinz Karl von Bayern".

Im Jahre 1897 wurde Prinz Leopold von Bayern zum Regimentsinhaber ernannt.

Aus den Feldzügen

Das im August 1813 formierte Feldregiment marschierte entgegen dem Verlangen Napoleons I. — Bayern war durch den Rheinbund Frankreich verpflichtet — in eine Stellung um Braunau am Inn, da sich ein österreichisches Heer gegen die Ostgrenze Bayerns in Bewegung gesetzt haben sollte.

Am 8. Oktober 1813 schloß sich Bayern durch den Vertrag zu Ried den Verbündeten — Österreich, Preußen und Rußland — an. So konnte man sich mit den Österreichern vereinigen. Das Regiment ging im Verband des bayer. Heeres nach Norden gegen Würzburg vor. Dabei erreichte es die Nachricht von der Niederlage Napoleons I. in der Völkerschlacht bei Leipzig (16. bis 19. Oktober 1813). Die bayerischen und österreichischen Truppen vertrieben nun, da auch Württemberg sich inzwischen vom Rheinbund gelöst hatte, gemeinsam die Franzosen aus Süddeutschland. Sodann wurde das Regiment als Besatzungstruppe in die Rheinpfalz verlegt und kehrte im Frühjahr 1814 nach Bayern zurück.

Die Rückkehr Napoleons I. von Elba im Frühjahr 1815 machte einen erneuten Feldzug gegen Frankreich erforderlich, und so rückte das Regiment im bayerischen Korps von Wrede ohne größere Gefechtsberührung bis August 1815 tief nach Frankreich hinein. Nach Umformierung der bayerischen Kavallerie-Regimenter kehrte es im Dezember 1815 nach Bayern zurück und bezog in München die neue Isar-Kaserne.

Die zweite Stammtruppe des Regiments, das im Juli 1814 errichtete Regiment Garde du Corps zu Pferde, rückte im April 1815 zusammen mit dem 1. Kürassier-Regiment in einer Brigade in den fast gefechtslosen Feldzug gegen Frankreich, nachdem der König von Wien aus am 22. März 1815 erklärt hatte, seine gesamte Armee mit den übrigen Mächten gegen den gemeinsamen Feind zu vereinigen.

Am 10. Dezember 1815 war das Regiment wieder in München.

Das inzwischen zum neuen 1. Kürassier-Regiment Prinz Karl formierte Kavallerie-Regiment hatte nun nach 50 Jahren Friedenszeit seinen Kriegseinsatz im Feldzug 1866 Preußen gegen Österreich mit den anderen süddeutschen Staaten auf der Seite der Bundestruppen gegen Preußen. Es rückte am 29. Mai 1866 in Richtung Thüringen aus, änderte dann die Marschrichtung nach Westen, der preußischen Main-Armee entgegen. Unentschlossenheit bei den Stäben, mangelhafte Organisation bei der Truppe, ungenaue Kenntnis der Feindlage und fehlerhafte Befehlsführung brachten die bayerischen Verbände in eine bereits verlorene Lage. Am 2. August 1866 kam es zum Waffenstillstand, und am 4. August 1866 begann der Rückzug zur Donau. Das Regiment rückte am 18. September 1866 wieder in die Kaserne ein.

Im Feldzug gegen Frankreich 1870/71 stellte sich König Ludwig II., getreu dem Schutz- und Trutzbündnis mit Preußen, mit seinen Truppen unter den Oberbefehl des Königs von Preußen, d. h. die bayerischen Truppen wurden der III. Armee unter Kronprinz Friedrich-Wilhelm, dem späteren Kaiser Friedrich III., zugeteilt. Das Regiment rückte in dieser Armee in Frankreich ein, kam aber erst im Oktober 1870 vor Orléans ins Gefecht.

Es verblieb dann im Operationsraum bis zum Waffenstillstand.

Am 16. Juli 1871 kehrte es mit den anderen Truppen der bayerischen Armee in das festlich geschmückte München zurück.

Uniform Waffenrock aus kornblumblauem Tuch, schwedische Aufschläge, Abzeichenfarbe ponceaurot, Helm mit eckigem Vorderschirm, Beschlag und Knöpfe weiß, weißer Haarbusch, lange Tuchhose in Waffenrock-Farbe mit breiten ponceauroten Streifen; Uffz.: Tressen silbern; Landeskokarde: weiß-blau.

Weltkrieg 1914-1918

Nach der Mobilmachung wurde das Regiment am 3. August 1914 von König Ludwig III. in der Leopold-Kaserne in München verabschiedet. Es wurde mit dem Schwester-Regiment, dem 2. Schweren Reiter-Regiment, in der 1. Kavallerie-Brigade der IV. Armee des Kronprinzen Ruprecht von Bayern unterstellt. Die Brigade rückte nach Westen aus und wurde dort zunächst beim Grenzschutz gegen Frankreich eingesetzt. Nach einigen Gefechten nahm sie an der Schlacht in Lothringen teil.

Im Oktober 1914 wurde die Brigade an den nördlichen Heeresflügel verlegt und zu Aufklärungs- und Verschleierungskämpfen bei Lille und Ypern eingesetzt.

Ende Januar 1915 ging es zum rückwärtigen Dienst im Generalgouvernement Belgien, um dann als Armee-Reserve nach Metz beordert zu werden.

Am 1. April 1915 wurde die Brigade an die Ostfront verlegt und dort im berittenen Einsatz in Lithauen und Kurland verwendet. Dabei nahm sie an den Schlachten um Schaulen, vor Dünaburg und bei Wilna teil. In den Wintermonaten war die Gefechtstätigkeit gering.

Von Mitte 1916 bis Mitte 1917 wurde die Brigade in

den Stellungskämpfen am Stochod in russisch-Polen eingesetzt. Anschließend nahm sie an den Verfolgungskämpfen in Ostgalizien und in der Bukowina bis Ende 1917 teil. Dann wurde die Brigade zum rückwärtigen Dienst in Rumänien zurückgenommen.

Im März 1918 rückte die Brigade bis zur Krim vor, ging dann aber in die Ukraine zurück und verblieb dort als Sicherungstruppe bis Kriegsende im November 1918.

Der Rückmarsch der Brigade in die Heimat gestaltete sich zu den schwersten Leistungen, die sie im Kriege zu vollbringen gehabt hatte. Erhebliche Schwierigkeiten waren in den von Feinden besetzten Gebieten zu überwinden.

Nach der Rückkehr nach München wurde das Regiment am 30. September 1919 aufgelöst.

Die Tradition wurde von der 4. Eskadron des Reiter-Regiments Nr. 17 in Straubing übernommen.

Literatur

Das Kgl.B. 1. Schwere Reiter-Regiment Prinz Karl von Bayern von 1814-1848 von Frhr. v. Pfetten-Arnbach, München 1890

Das Kgl.B. 1. Schwere Reiter-Regiment Prinz Karl von Bayern von 1848-1898 von Fahrmbacher, München 1900

Das Kgl.B. 1. Schwere Reiter-Regiment Prinz Karl von Bayern von 1898-1913 von Frhr. v. Pfetten-Arnbach u. Fahrmbacher, München 1914

Das K.B. 1. Schwere Reiter-Regiment Prinz Karl von Bayern im Weltkrieg 1914-1918, von v. Tannstein, München 1921

1. Kürassier-Regiment Prinz Karl

Trompeter 1830

Kürassier 1870

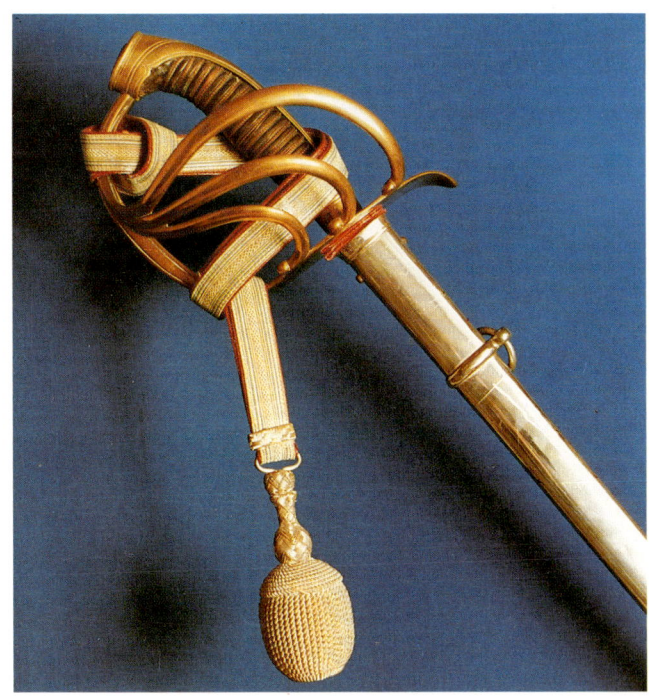

Dienst-Waffenrock (Leutnant)

2. Schweres Reiter-Regiment Erzherzog Franz Ferdinand von Österreich-Este

I. Kgl.Bayerisches Armee-Korps	München;	Kd.Gen: Gen. d. Inf. Ritter von Xylander
1. Division	München;	Gen.Lt. Ritter v. Benzino
1. Kav.Brig.	München;	Gen.Maj. v. Staudt

Garnison Landshut
Inhaber des Regiments: Franz Ferdinand Erzherzog von Österreich-Este
Kdr. des Regiments: Major Frhr. v. Eyb

Stiftungstag des Regiments: 10. September 1815

Standarte
des Kgl. Bayer. 2. Schweren Reiter-Regiments
Erzherzog Franz Ferdinand
von Österreich-Este

Errichtung

Die Stammtruppe des Regiments ist auch das am 23. März 1815 aus dem 7. Chevaulegers-Regiment Prinz Karl gebildete
"1. Kürassier-Regiment".
Durch Allerhöchsten Erlaß vom 10. September 1815 wurde befohlen, daß vom 1. Kürassier-Regiment die 4., 5. und 6. Eskadron nebst noch eintreffender Ergänzungen zur Formation eines neuen Regiments mit der Bezeichnung
"2. Kürassier-Regiment"
abzugeben sind. Als Garnisonen wurden Landshut und Freising bestimmt. Der erste Regiments-Kommandeur wurde Oberstlt. Bernhard.
Im November 1825 wurden dem Regiment noch zwei Eskadrons des aufgelösten 1. Kürassier-Regiments einvereinleibt.
Im Jahre 1846 ernannte König Ludwig I. den Prinzen Adalbert von Bayern zum Inhaber des Regiments, des-

sen Nachfolger im Jahre 1877 Kronprinz Erzherzog Rudolf von Österreich wurde.
Im April 1879 erfolgte die Umbenennung des Regiments und des Schwester-Regiments, des 1. Kürassier-Regiments Prinz Karl, in Schwere Reiter-Regimenter. Das 2. Kürassier-Regiment erhielt die Benennung
"2. Schweres Reiter-Regiment Kronprinz Erzherzog Rudolf von Österreich".
Zehn Jahre nach dem Tode des österreichischen Thronfolgers, 1889, wurde Erzherzog Franz Ferdinand von Österreich-Este am 23. Mai 1899 zum Inhaber des Regiments ernannt, das nun den Namen
"2. Schweres Reiter-Regiment Erzherzog Franz Ferdinand von Österreich-Este"
erhielt.
Die Ermordung des Erzherzogs am 28. Juni 1914 in Serajewo führte zum Ausbruch des Ersten Weltkrieges.

Waffenrock (Reiter)

Aus den Feldzügen

Das Regiment stand zum ersten Mal im Kriegseinsatz im Feldzug 1866 Preußen gegen Österreich im Verband der Bundestruppen unter dem Befehl des Fürsten von Thurn und Taxis. Es erhielt seine Feuertaufe am 4. Juli 1866 bei Hünfeld im Kampf gegen die preußische Main-Armee des Generals von Manteuffel. Am 26. Juli 1866 attackierte das Regiment preußische Kavallerie. Der Waffenstillstand wurde am 2. August 1866 abgeschlossen. Anfang September 1866 rückte das Regiment wieder in Landshut ein.

Im Feldzug 1870/71 unterstand das Regiment dem I. Bayerischen Armee-Korps im Verband der III. Armee des Kronprinzen Friedrich Wilhelm von Preußen. Es nahm an der Schlacht bei Wörth teil und stand bei Sedan (1. September 1870) in Reserve. Dann wurde es in der Gegend um Orléans eingesetzt und verblieb in diesem Raum bis zum Waffenstillstand.
Am 19. Juli 1871 kehrte das Regiment in das festlich geschmückte Landshut heim.

Uniform

Waffenrock aus kornblumblauem Tuch, schwedische Aufschläge, Abzeichenfarbe ponceaurot, Helm mit eckigem Vorderschirm, Beschlag und Knöpfe gelb, weißer Haarbusch, lange Tuchhose in Waffenrock-Farbe mit breiten ponceauroten Streifen; Uffz.: Tressen gelb; Landeskokarde: weiß-blau.

Weltkrieg 1914-1918

Das Regiment war den gesamten Krieg bis November 1918 zusammen mit dem Schwester-Regiment, dem 1. Schweren Reiter-Regiment Prinz Karl von Bayern, in der 1. K.B. Kavallerie-Brigade sowohl im Westen als auch im Osten eingesetzt.
Ende November 1918 erfolgte der Rückmarsch aus der Ukraine in die Heimat unter schwierigsten Umständen durch von Feinden besetzte Gebiete.

Am 2. Februar 1919 rückte das Regiment wieder in Landshut ein und wurde nach der Demobilisierung aufgelöst.
Die Tradition des Regiments wurde später von der 4. Eskadron des Reiter-Regiments Nr. 17 in Straubing weitergeführt.

"Landshuter Kürassiere" 2. Kürassier-Regiment 1879

Literatur   Geschichte des K.B. 2. Schweren Reiter-Regiments "vakant Kronprinz Rudolf von Öster-reich" von Frhr. v. Habermann, Landshut 1891
Das K.B. 2. Schwere Reiter-Regiment "Erzherzog Franz Ferdinand von Österreich-Este" von Dr. v. Frauenholz
aus der Schrift "Die Garnison Landshut und ihre Schweren Reiter", Waffenring "Kaval-lerie-Schnelle Truppe e.V." Band II, 1968

1. Ulanen-Regiment Kaiser Wilhelm II. König von Preußen

II. Kgl. Bayerisches	Würzburg;	Kd.Gen.: Gen. d. Inf.
Armee-Korps		Ritter v. Martini
4. Division	Würzburg;	Gen.Lt. Graf v. Montgelas
4. Kav.Brig.	Bamberg;	Gen.Maj. Gebhard
Garnison:	Bamberg	
Inhaber des Regiments:	S.M. Kaiser Wilhelm II.	
Kdr. des Regiments:	Oberst Frhr. v. Crailsheim	

Stiftungstag des Regiments: 21. Dezember 1863

Standarte
des Kgl. Bayr. 1. Ulanen-Regiments
Kaiser Wilhelm II.,
König von Preußen.

Errichtung

Als Stammtruppe des Regiments ist ein von König Maximilian I. Joseph am 19. August 1813 mit dem Standort Aschaffenburg errichtetes Ulanen-Regiment anzusehen, das am 30. Juni 1822 wieder aufgelöst wurde.

Am 21. Dezember 1863 befahl König Maximilian II. die Errichtung von drei Ulanen-Regimentern. Aus der dritten Division des 3. und 4. Chevaulegers-Regiments wurde das

"1. Ulanen-Regiment"

mit den Standorten in Dillingen/Donau und Augsburg formiert. Der erste Kommandeur war Oberst Korb.

— In der bayerischen Kavallerie bildeten je zwei Eskadrons immer eine Division. —

Am 28. Mai 1864 übernahm König Ludwig II. die Inhaberschaft des Regiments, die er am 6. Juli des glei-

chen Jahres dem Großfürst-Thronfolger Nikolaus Alexandrowitsch von Rußland übertrug, der aber schon im Jahre 1865 verstarb.

Nach der Rückkehr des Regiments aus dem Feldzug 1870/71 gegen Frankreich verlieh König Ludwig II. die Inhaberschaft des Regiments am 17. Juli 1871 an den Führer der III. Armee, den Kronprinzen Friedrich Wilhelm von Preußen, der sie bis zu seinem Tode am 15. Juni 1888, ab 9. März 1888 als Kaiser Friedrich III., innehatte. So waren die Ulanen "Kaiser-Ulanen" geworden. Nach dem Tode seines Vaters wurde Kaiser Wilhelm II. im Jahre 1888 Inhaber des Regiments, das dann seinen Namen führte. Der Kaiser hatte stets eine besondere Beziehung zu seinen bayerischen Ulanen.

Im September 1872 war das Regiment nach Bamberg verlegt worden.

Aus den Feldzügen

Das Stamm-Ulanen-Regiment, dessen erster Kommandeur Oberst Frhr. von Seckendorff gewesen war, wurde im Jahre 1813 nicht mehr bei kriegerischen Ereignissen verwendet, zumal Bayern auch aus dem Rheinbund austrat. Im Feldzug 1814/15 gegen Frankreich rückte es zwar aus, wurde aber kaum eingesetzt. Nach der Rückkehr kam es zuerst nach München, dann bis zu seiner Auflösung 1822 nach Neu-Ötting in Garnison.

Im Feldzug 1866 Preußen gegen Österreich stand das 1. Ulanen-Regiment im Bayer. Reserve-Kavallerie-

Korps bei den Bundestruppen gegen Preußen. Es wurde nicht verwendet, verlor jedoch bei einem preußischen Artillerie-Überfall zwölf Mann und 24 Pferde. Im Feldzug 1870/71 gegen Frankreich nahm das Regiment im Verband der III. Armee am 6. August 1870 an der Schlacht bei Wörth teil. Weiter stand es in der Schlacht bei Sedan (1. September 1870) und dann beim Belagerungsring vor Paris, in das es im Januar 1871 einrückte. Die 1. Eskadron verblieb bis 1873 als Besatzungstruppe in Frankreich. Das Regiment selbst kehrte im Juli 1871 nach München zurück.

Waffenrock zur Parade (Rittmeister)

Uniform   Waffenrock (Ulanka) aus stahlgrünem Tuch, polnische Aufschläge, Kragen, Aufschläge, Paraderabatte, Tschapkarabatte, Epaulettenfelder und Passanten karmoisinrot, Beschlag, Knöpfe und Monde an den Epauletten gelb, weißer Haarbusch, stahlgrüne Reithose, lange Hose stahlgrün mit karmoisinroten Streifen, geweißte Koppel; Uffz.: Tressen gelb; Feldzeichen: weiß-blau.

Weltkrieg 1914-1918

Nach der Mobilmachung rückte das Regiment im Verband der Bayerischen Kavallerie-Division am 3./4. August 1914 nach Westen aus und übernahm Grenzschutz in Lothringen. Erste Erfolge erwarb es sich zusammen mit den Königs-Ulanen durch die Attacke bei Lagarde am 11. August 1914. Nach dem Rückzugsbefehl von der Marne wurde es im September an den rechten Heeresflügel nach Flandern verlegt.

Im April 1915 erfolgte der Abtransport an die Ostfront zum kavalleristischen Vormarsch nach Lithauen und Kurland.

Von Juli 1916 bis Februar 1918 stand das Regiment im Stellungskrieg am Stochod in russisch-Polen. Dann trat es den Vormarsch durch die Ukraine zum Don an, um dieses Gebiet zu sichern. Es hatte dabei fortwährend Gefechte beritten und zu Fuß zu bestehen und gelangte bis an das Asow'sche Meer.

Von Oktober bis November 1918 befand sich das Regiment im südlichsten Teil der Ukraine und auf der Halbinsel Krim zur Überwachung des Gouvernements Taurien. Am 10. November 1918 trafen die ersten Nachrichten über den Waffenstillstand an der Westfront und über die Ereignisse in Berlin ein. Am 20. November 1918 trat das Regiment den Rückmarsch in die Heimat, von der Krim bis nach Ostpreußen, an. Es legte dabei unter schwierigsten Bedingungen, oft unter Gefechtstätigkeiten, eine Strecke von 1.900 Kilometern zurück und überschritt am 2. Februar 1919 die deutsche Grenze bei Prostken. Von Lyck aus wurde das Regiment per Bahn nach Bamberg transportiert, wo es am 9. Februar 1919 eintraf und von der Bevölkerung in der mit Fahnen geschmückten Stadt freundlich empfangen wurde.

Das Regiment wurde demobilisiert und dann aufgelöst. Zahlreiche Ulanen schlossen sich Freikorps an.

Die Tradition des Regiments wurde später von der A-Eskadron des Reiter-Regiments Nr. 17 in Bamberg weitergeführt.

Literatur

Das K.B. 1. Ulanen-Regiment Kaiser-Wilhelm II. König von Preußen von Frhr. v. Gebsattel, Augsburg 1924

Geschichte der Bayerischen Reiterei 1871-1914 von Dr. Ritter v. Rizzi, München 1932

2. Ulanen-Regiment König

II. Kgl. Bayerisches Armee-Korps	Würzburg;	Kd.Gen.: Gen. d. Inf. Ritter von Martini
4. Division	Würzburg;	Gen.Lt. Graf von Montgelas
4. Kav.Brig.	Würzburg;	Gen.Maj. Gebhard
Garnison:	Ansbach	
Inhaber des Regiments:	S.M. König Otto von Bayern	
Kdr. des Regiments:	Oberstlt. Frhr. v. Sartor auf Gansheim	

Stiftungstag des Regiments: 21. Dezember 1863

Errichtung

Am 21. Dezember 1863 wurde auf Befehl des Königs Maximilian II. das
"2. Ulanen-Regiment"
aus der jeweils dritten Division des 1. und 5. Chevaulegers-Regiments mit dem Standort Ansbach formiert. Der erste Kommandeur des Regiments war Oberstlt. Frhr. v. Diez.
Am 6. Juli 1864 übernahm König Ludwig II. die Inhaberschaft des Regiments, das von da ab die Bezeichnung "2. Ulanen-Regiment König" führte.

Am 11. Mai 1867 wurde dem Regiment die 2. Eskadron des am 21. Dezember 1863 errichteten und nun wieder aufgelösten 3. Ulanen-Regiments einverleibt. Im Jahre 1886 trat König Otto die Nachfolge seines Bruders Ludwig II. als Inhaber des Regiments an. König Ludwig III. übernahm im Jahre 1914 als letzter bayerischer Regent die Inhaberschaft des Regiments.

Aus den Feldzügen

Im Feldzug von 1866 stand das Regiment im Bundeskontingent Bayerns zunächst in Thüringen, dann bei Hammelburg und bei Würzburg gegen die preußische Main-Armee. Am 8. September 1866 kehrte es in die Garnison zurück.

Im Feldzug 1870/71 gegen Frankreich nahm das Regiment an der Schlacht bei Wörth am 6. August 1870 teil. In der Schlacht bei Sedan am 1. September 1870 stand es in Bereitschaft. Das Regiment wurde vorwiegend im Patrouillendienst eingesetzt, bewährte sich auf das Beste und wurde dann vom 19. September 1870 bis zum 28. Januar 1871 zum Belagerungsring vor Paris beordert.

Uniform

Waffenrock (Ulanka) aus stahlgrünem Tuch, polnische Aufschläge, Kragen, Aufschläge, Paraderabatte, Tschapkarabatte, Epaulettenfelder und Passanten karmoisinrot, Beschlag, Knöpfe und Monde an den Epauletten weiß, weißer Haarbusch, stahlgrüne Reithose, lange Hose stahlgrün mit karmoisinroten Streifen, geweißte Koppel; Uffz.: Tressen silbern; Feldzeichen: weiß-blau

Weltkrieg 1914-1918

Das Regiment verbrachte die gesamte Kriegszeit und alle Kriegseinsätze gemeinsam mit dem Schwester-Regiment, dem 1. Ulanen-Regiment Kaiser Wilhelm II. König von Preußen, und kehrte am 9. Februar 1919 mit Waffen und voller Ausrüstung in seine Garnison Ansbach zurück. Es war ihm das seltene Glück beschieden gewesen, von 1913 an bis zu seiner Auflösung im Jahre 1919 von demselben Komman-

deur, Oberst v. Faber du Faur, geführt zu werden. Am 12. Februar 1919 erfolgte die Demobilisierung und dann die Auflösung des Regiments. Auch von diesem Regiment schlossen sich zahlreiche ehem. Königs-Ulanen den Freikorps bzw. Volkswehreskadrons an.

Die Tradition des Regiments wurde später von der 2. Eskadron des Reiter-Regiments Nr. 17 in Ansbach weitergeführt.

Dienst-Waffenrock (Gefreiter)

Literatur: Zur Geschichte des K.B. 2. Ulanen-Regiments König aus "Chronik des Pz.-Aufklärungs-Btl. 10" Ingolstadt, aus der Schriftreihe Waffenring "Kampftruppe-Kavallerie-Schnelle Truppe e.V.", Band V, 1968

Durch den Sprunggarten

1. Chevaulegers-Regiment Kaiser Nikolaus II. von Rußland

III. Kgl. Bayerisches	Nürnberg;	Kd.Gen.: Gen. d. Art.
Armee-Korps		Frhr. von Horn
5. Division	Nürnberg;	Gen.Lt. Ritter v. Schoch
5. Kav.Brig.	Nürnberg;	Gen.Maj. v. Hößlin

Garnison: Nürnberg
Inhaber des Regiments: S.M. Kaiser Nikolaus II. von Rußland
Kdr. des Regiments: Major Cnopf

Stiftungstag des Regiments: 29. Juni 1682

Standarte
des Kgl. Bayer. 1. Chevaulegers-
Regiments Kaiser Nikolaus
von Rußland
Vorderseite

Errichtung

Am 29. Juni 1682 wurde durch kurfürstliches Dekret Maximilians II. Emanuel die Errichtung von elf Regimentern aus den bestehenden 24 Kompagnien zu Fuß und 35 Kompagnien zu Pferd angeordnet.

Das aus den alten Kompagnien St. Bonifaci, Haraucourt, Perouse und Spinchal, sowie aus zwei neu errichteten Kompagnien Gabaleone und Ponton de Liers (Liéro) gebildete Regiment zu Pferd wurde gleichzeitig dem Marquis d'Haraucourt verliehen und blieb als

Kürassier-Regiment

unter verschiedenen Namen der Regiments-Inhaber 122 Jahre bis 1804 bestehen.
Umgewandelt in das

1. Dragoner-Regiment Minucci,

wurde aus diesem am 29. April 1811 das

1. Chevaulegers-Regiment

gebildet.

— Während die Kompagnien Spinchal 1674, Perouse 1673 und Haraucourt 1672 errichtet wurden, kann der Bestand der Kompagnie St. Bonifaci bis 1645 zurückverfolgt werden. Damals gehörte sie unter Nicolaus

Höning zum Dragoner-Regiment des volkstümlichen Reiter-Generals Jan van Wert und später zum Jung-Kolb'schen Reiter-Regiment, das auf Befehl des Kurfürsten Maximilian I. 1649 aufgelöst wurde. Im Jahre 1657 wurde die Kompagnie Höning unter Kurfürst Ferdinand Maria wieder neu aufgestellt. Von diesem Zeitpunkt an besteht ein ununterbrochener Zusammenhang zum 1. Chevaulegers-Regiment. —

Das Regiment stand in seiner 237-jährigen Geschichte in zahlreichen Garnisonen in Bayern und in der Pfalz, so u. a. in Fürth, Cham, Tölz, Friedberg, dann Straubing, Landshut, Landsberg, München, Neuötting, Wasserburg, Zweibrücken, Landau, Speyer, Bayreuth, Nürnberg, Amberg, Augsburg und schließlich ab 1903 wieder in Nürnberg.

Besondere Ehren-Inhaber des Regiments waren ab
1857 Kaiser Alexander II. von Rußland, ab
1883 Kaiser Alexander III. von Rußland und ab
1894 Kaiser Nikolaus II. von Rußland.
Der letzte Kommandeur des Regiments war ab 1916 Major Frhr. v. Seefried.

Aus den Feldzügen

Ende Juli 1683, ein Jahr nach seiner Errichtung, rückte das Regiment zum ersten von nun folgenden fünf Türkenkriegen aus, zu welchen Kürfürst Maximilian II. Emanuel (1679-1726) dem Kaiser Leopold I. bayerische Hilfstruppen zur Verfügung stellte. Das Regiment kam bis vor Wien (12. September 1683) und im Jahre 1687 vom 9. August bis zum 6. September zur Belagerung von Belgrad.

In den Jahren 1689 bis 1698 stand es am Rhein, in Italien und in Flandern gegen Frankreich, nachdem Kö-

nig Ludwig XIV. trotz eines 1684 auf 20 Jahre abgeschlossenen Waffenstillstandes ohne Kriegserklärung in die Rheinpfalz eingefallen war.

Im Spanischen Erbfolgekrieg 1702-1714 verbündete sich Kurfürst Maximilian II. Emanuel mit Ludwig XIV. gegen Kaiser Leopold I. und das Reich. In den Reiterkämpfen von Schärdingersberg und bei Eisenbirn war das Regiment siegreich. In der verlorenen Schlacht bei Höchstädt am 13. August 1704 kämpfte es überragend gegen die Reiterei des Prinzen Eugen

Waffenrock zur Parade (Sergeant)

von Savoyen. Bis 1714 stand das Regiment noch in Flandern gegen Engländer, Holländer und Österreicher. Nach dem Frieden zu Rastatt am 6. März 1714 konnte das Regiment nach zehn Jahren endlich wieder nach Bayern zurückkehren.

In dem nicht glücklichen Österreichischen Erbfolgekrieg von 1741-1748 vollbrachten die Kürassiere des Regiments einige hervorragende Taten, wie am 16. Februar 1742 auf dem Friedhof von Mainburg.

Mit dem Feldzug 1805 gegen Österreich begann auch für Bayern die Teilnahme an den Napoleonischen Kriegen, nachdem es sich durch den Allianzvertrag vom 24. August 1801 auf die Seite Frankreichs gestellt hatte. Außerdem trat es dem am 12. Juli 1806 gegründeten Rheinbund bei. Das Regiment, nun 1. Dragoner-Regiment, kämpfte unter Napoleon I. gegen Preußen und Russen (1806/07), gegen Österreich und Tirol (1809). Nach Umwandlung in das 1. Chevaulegers-Regiment im Jahre 1811 mußte es am Feldzug gegen Rußland im Jahre 1812 teilnehmen, wo es am 18. August bei Smolensk und dann am 7. September in der Schlacht bei Borodino fast völlig aufgerieben wurde. Nur einzelne, versprengte Chevaulegers erreichten wieder die Heimat.

Zum Feldzug 1813 standen wieder drei neu aufgestellte Chevaulegers-Eskadrons gegen Preußen und Rußland bereit. Nach der Ratifizierung des Vertrages von Ried (15. Oktober) jedoch, wandte sich Bayern von Frankreich ab und ging zu den Verbündeten über. Das Regiment kämpfte jetzt gegen Frankreich und zog mit den übrigen siegreichen Truppen am 2. April 1814 in Paris ein. Bis 1818 verblieb es als Besatzungstruppe in Frankreich.

Im Feldzug 1866 Preußen gegen Österreich nahm nur die 1. Eskadron an Gefechten auf Seiten der Bundestruppen teil, so u. a. bei Dermbach, Zella und Kissingen.

Im Feldzug gegen Frankreich 1870/71 stand das Regiment zunächst als Bedeckung bei Wörth (6. August 1870) und dann bei Sedan (1. September 1870). Am 3. September 1870 wurde es dem Einschließungsring vor Paris zugeteilt, wo es Vorpostendienste zu versehen hatte. Nach dem Waffenstillstand und dem am 26. Februar 1871 geschlossenen Präliminarfrieden verblieb das Regiment bis Juni 1871 in Frankreich und zog dann Anfang Juli 1871 in das festlich geschmückte Nürnberg ein.

Uniform

Waffenrock, wie Ulanka aus stahlgrünem Tuch, schwedische Aufschläge, Kragen, Aufschläge, Paraderabatte und Achselklappen karmoisinrot, Knöpfe gelb, Helm wie Schwere Reiter, Beschläge gelb, weißer Haarbusch, geweißte Koppel, stahlgrüne Reithose, lange Hose stahlgrün mit breiten Streifen in Abzeichenfarbe; Uffz.: Tressen gelb; Offz.: Epaulettenfelder in Abzeichenfarbe, Epaulettenmonde gelb; Landeskokarde: weiß-blau.

Weltkrieg 1914-1918

Nach der Mobilmachung rückte das Regiment im Verband der bayerischen Kavallerie-Division nach Westen aus und wurde Anfang August 1914 sogleich zum Grenzschutz in Lothringen eingesetzt. Es nahm an der Schlacht in Lothringen teil (20. August) und wurde dann zum "Wettlauf zum Meer" an den rechten Heeresflügel nach Flandern beordert, wo es bei Lille und bei Ypern zum ersten Mal im Grabenkampf gegen Engländer eingesetzt wurde. Anschließend versah das Regiment bis April 1915 rückwärtige Dienste in Belgien und wurde dann mit der bayerischen Kavallerie-Division an die Ostfront verlegt.

Wieder in berittenem Einsatz, nahm es am Vormarsch nach Kurland teil und stand im Herbst 1915 bei Wilna. Das Regiment verblieb im Divisions-Verband in Lithauen.

Im Sommer 1916 wurde es zur Unterstützung von k. und k. Verbänden nach Wolhynien verlegt. In Stellungskämpfen am Stochod, die zum Teil sehr verlustreich waren, verblieb das Regiment bis Sommer 1917. Dann ging es in berittenem Vormarsch weiter nach Ostgalizien und zu ruhigeren Diensten im besetzten Rumänien.

Nach dem Zusammenbruch der russischen Front wurde das Regiment im März 1918 zur Sicherung besetzter Gebiete bis zur Krim beordert. Dort fanden im April 1918 bei Perekop die ersten Kämpfe gegen Rotarmisten statt. Am 1. Mai 1918 rückte das Regiment in Sewastopol ein.

Ab Juni 1918 bis Kriegsende stand das Regiment in Ostwolhynien und hatte fortwährend Kämpfe mit aufständischer Bevölkerung zu bestehen. Bis Ende 1918 sicherte das Regiment dann an der Bahnlinie Kiew (Ukraine) die in die Heimat fahrenden deutschen Truppentransporte. Anschließend begab es sich selbst auf den Rückmarsch.

Am 18. Januar 1919 überschritt das Regiment die ostpreußische Grenze bei Prostken und wurde dann per Bahn nach Bayern in Marsch gesetzt. Ab 21. Januar 1919 traf das Regiment, von der Bevölkerung herzlich begrüßt, in Nürnberg ein.

Die Demobilisierung und Auflösung des alten Regiments erfolgte zügig. Zahlreiche Chevaulegers schlossen sich Feikorps an.

Die Tradition des Regiments wurde später von der 2. Eskadron des Reiter-Regiments Nr. 17 in Ansbach weitergeführt.

Literatur

Festschrift zum 200jährigen Jubiläum des K.B. 1. Chevaulegers-Regiment "vakant Kaiser Alexander v. Rußland", von Frhr. v. Seefried auf Buttenheim, Nürnberg 1882

Das K.B. 1. Chevaulegers-Regiment Kaiser Alexander von Rußland 1682-1882, von Hutter, München 1885

Zur Geschichte des K.B. 1. Chevaulegers-Regiment "Kaiser Nikolaus von Rußland", Schriftreihe des Waffenrings "Kampftruppen-Kavallerie Schnelle Truppen e.V.", Band V, 1968

2. Chevaulegers-Regiment Taxis

III. Kgl. Bayerisches Armee-Korps	Nürnberg	Kd.Gen.: Gen. d. Art. Frhr. von Horn
6. Division	Regensburg;	Gen.Lt. Ritter v. Höhn
6. Kav.Brig.	Regensburg;	Gen.Maj. Weigel

Garnison: Regensburg
Inhaber des Regiments: Albert, Fürst v. Thurn u. Taxis, D.
Kdr. des Regiments: Oberstlt. Zöller

Stiftungstag des Regiments: 29. Juni 1682

Standarte
des Kgl. Bayer. 2. Chevaulegers-Regiments
Taxis.
Verliehen: 1882 — (Vorderseite)

Errichtung

Zur Zeit des Regierungsantritts des erst 18jährigen Kurfürsten Maximilian II. Emanuel am 11. Juli 1680 drängten die politischen Verhältnisse zur möglichsten Verstärkung der Wehrkraft.

So wurde durch Dekret vom 29. Juni 1682 das Stamm-Regiment des 2. Chevaulegers-Regiments errichtet, das den Namen

"Regiment zu Pferd
Louis Marquis de Beauvau de Croan"

nach seinem ersten Kommandeur erhielt.

In der Folge wechselte das Regiment seinen Namen nach den Inhabern, wurde 1691 Kürassier-Regiment, 1785 Reiter-Regiment, 1786 wieder Kürassier-Regiment, 1790 Dragoner-Regiment, am 29. April 1811 das 2. Chevaulegers-Regiment Fürst von Thurn und Taxis und am 26. April 1848 das

"2. Chevaulegers-Regiment Taxis"

Das Regiment bildete von seiner Errichtung 1682 bis zu seiner Auflösung 1919 eine administrative Einheit im Regiments-Verband.

Es wechselte in seiner 237jährigen Geschichte häufig seine Standorte, von Dingolfing u. a. im Jahre 1682 über Ried, Braunau, Ulm, Memmingen, Amberg, Wasserburg, Rosenheim, Neumarkt i. O., München, Ingolstadt, Neuötting, Landsberg, Speyer, Zwei-brücken, Dillingen/Donau bis Regensburg im Jahre 1909.

Seit dem Jahre 1747 war jeweils ein Prinz oder ein regierender Fürst des Hauses Thurn und Taxis Inhaber des Regiments. Das Fürstenhaus stand daher in enger Verbindung zum Regiment.

Der letzte Inhaber des Regiments war seit 26. Juli 1885 Albert, Fürst von Thurn und Taxis, Herzog zu Wörth und Donaustauf, Erbgeneralpostmeister bzw. Kronoberpostmeister etc.

Aus den Feldzügen

Das zu den ältesten Kavallerie-Regimentern der bayerischen Armee gehörende Regiment stand von 1683 bis 1871 in 45 Feldzügen und dann im Ersten Weltkrieg von 1914-1918.

Die sechs Feldzüge gegen die Türken von 1683 bis 1688, in denen Bayern Kaiser Leopold I. unterstützte, brachten die ersten harten Bewährungsproben für das Regiment. In neun weiteren Feldzügen von 1689 bis 1696 stand das Regiment gegen Ludwig XIV. von Frankreich in der europäischen Koalition mit dem Kaiser, Spanien, Holland, Schweden und England am Rhein, in Piemont und in den Niederlanden.

Im Spanischen Erbfolgekrieg, in dem Bayern mit Frankreich verbündet war, focht das Regiment von 1702 bis 1714 in dreizehn Feldzügen in Süddeutschland und wieder in den Niederlanden.

Im Österreichischen Erbfolgekrieg von 1741 bis 1748, der infolge des Erlöschens des Habsburger-Mannesstammes durch den Tod Kaiser Karl VI. am 20. Oktober 1740 und die Thronbesteigung Maria Theresias

Ausgehanzug (Unteroffizier)

um die Anerkennung der pragmatischen Sanktion aus-
brach, erhob auch Kurfürst Karl Albrecht von Bayern
Anspruch auf die österreichischen Erblande. Das Regiment nahm an fünf Feldzügen teil.

Am 24. August 1801 vollzog der leitende Minister des
Kurfürsten Maximilian IV. Joseph, Montgelas, eine
entscheidende Schwenkung der bayerischen Politik
auf die Seite Frankreichs, in dessen Gefolgschaft es
nun die Napoleonischen Kriege bis 1813 durchstehen
mußte. Das Regiment stand 1805 gegen Österreich,
1806/07 gegen Preußen und Rußland, 1809 gegen
Österreich und Tirol und 1812 gegen Rußland. In all'
diesen Feldzügen zahlte Bayern einen hohen Blutzoll,
insbesondere in Rußland, wo der Brigade-Verband des
Regiments bei Smolensk, Borodino und an der Beresina von 1.346 Reitern auf 150 Mann zusammen-
schmolz.

Nach der Lösung Bayerns von Frankreich im Oktober 1813 zog das neu formierte Regiment mit den Verbündeten bis 1815 in drei Feldzügen gegen Frankreich,
nahm an der Schlacht bei Hanau (28. bis 30. Oktober
1813) teil und war an der Einnahme von Châlons (5.
Juli 1815) beteiligt. Im November 1815 kehrte es nach
Bayern zurück und rückte in Ansbach ein.

Im Feldzug 1866 stand das Regiment den Preußen an
der Tauber gegenüber. Es hatte vier größere Gefechtsberührungen mit preußischen Truppen zu bestehen.
Im September 1866 war das Regiment wieder in Ansbach.

Im Feldzug 1870/71 wurde das Regiment, beim II.
K.B. Armee-Korps als Divisions-Kavallerie, der III. Ar-
mee des Kronprinzen Friedrich Wilhelm von Preußen
zugeteilt. Es nahm am Vormarsch gegen Weißenburg
teil, führte Patrouillen gegen Wörth und war in der
Schlacht bei Sedan (1. September 1870) Bedeckung der
Artillerie. Dann wurde es dem Einschließungs- und
Belagerungsring vor Paris zugeteilt.

Das Regiment hatte in diesem Feldzug wenig Verluste.
Am 5. Juli 1871 rückte es in Bamberg ein und wurde
feierlich empfangen.

Uniform

Waffenrock, wie Ulanka aus stahlgrünem Tuch, schwedische Aufschläge, Kragen, Aufschläge, Paraderabatte und Achselklappen karmoisinrot, Knöpfe weiß, Helm wie Schwere Reiter, Beschläge weiß, weißer Haarbusch, geweißtes Koppel, stahlgrüne Reithose, lange Hose stahlgrün mit breiten Streifen in Abzeichen-Farbe; Uffz.: Tressen silbern; Offz.:
Epaulettenfelder in Abzeichen-Farbe, Epaulettenmonde weiß; Landeskokarde: weiß-blau.

Weltkrieg 1914-1918

Nach der Mobilmachung rückte das Regiment zum
Grenzschutz in Lothringen aus, damit der Aufmarsch
der VI. Armee unter Kronprinz Ruprecht von Bayern
planmäßig erfolgen konnte. Die Armee hatte die Aufgabe, den linken Flügel der deutschen Front im Elsaß
zu decken und möglichst starke feindliche Kräfte in
Lothringen festzuhalten. Am 12. August 1914 war der
Aufmarsch beendet, und am 19. August 1914 wurde
der Angriffsbefehl zur Schlacht in Lothringen erteilt,
bei der das Regiment eingesetzt wurde. Im September
1914 wurde es aus Lothringen abgezogen und im Gebiet zwischen Maas und Mosel bis Mitte 1916 sowohl
im Grabenkampf als auch im rückwärtigen Dienst
verwendet. Am 17. Juli 1916 wurde das Regiment eskadronsweise auf verschiedene K.B. Infanterie-Divisionen aufgeteilt, die wiederum an allen großen Kampfhandlungen an der Westfront, wie vor Verdun
(Juli/August 1916), an der Somme (September 1916),
bei Arras (Mai 1917), in Flandern (Juli/Oktober 1917),
an der Großen Schlacht in Frankreich (März/April
1918) und an den gewaltigen Abwehrkämpfen im
Sommer und im Herbst 1918 beteiligt waren.
— Die 1. Eskadron war von April 1915 bis Juni 1916
der 11. K.B. Infanterie-Division zugeteilt und in Galizien, russisch-Polen und in Serbien verwendet worden. —

Bei allen Einsätzen erhielten die Chevaulegers von
höchster Stelle volle Anerkennung.

Nach Abschluß des Waffenstillstandes im November
1918 rückten die Eskadrons im Dezember 1918 wieder in Regensburg ein, nachdem die Jahrgänge bis
1895 bereits in die Heimat entlassen worden waren.

Das Regiment wurde demobilisiert und nach dem Gesetz vom 6. März 1919 am 1. April 1919 aufgelöst.

Die Tradition des Regiments wurde später von der 3.
Eskadron des Reiter-Regiments Nr. 17 in Ansbach
übernommen.

Literatur

Geschichte und Thaten des Kgl. Bayer. 2. Chevaulegers-Regiment Fürst v. Thurn und
Taxis von 1742 bis 1846, Ansbach 1847

Das Kgl. Bayer. 2. Chevaulegers-Regiment Taxis zum 200jährigen Geburtstag desselben,
von Rosenbusch — v. Pöllnitz, München 1882

Das K.B. 2. Chevaulegers-Regiment Taxis, von Obpacher, München 1926

Dienst-Waffenrock (Chevauleger)

3. Chevaulegers-Regiment Herzog Karl Theodor

II. Kgl. Bayerisches Armee-Korps	Würzburg	Kd.Gen.: Gen. d. Inf. Ritter von Martini
3. Division	Landau (Pfalz);	Gen.Lt. Breitkopf
3. Kav.Brig.	Dieuze;	Gen.Maj. v. Hellingrath

Garnison: Dieuze/Lothr.
Kdr. des Regiments: Major Fels m. d. F. b.

Stiftungstag des Regiments: 23. und 31. Januar 1724

Standarte
des Kgl. Bayer. 3. Chevaulegers-
Regiments Herzog Karl Theodor
(Rückseite).

Errichtung

Aufgrund eines Erlasses des Kurfürsten Maximilian II. Emanuel (1679-1726) vom 4. Juli 1722 wurde am 23. bzw. am 31. Januar 1724 zu Landau aus den beiden Garden Karabiniers und Grenadiers à cheval das
"Dragoner-Regiment Minucci"
formiert.

Die beiden Stammtruppenteile des Regiments waren im Jahre 1696 errichtet worden. Die Karabiniers waren aus den Kürassier-Regimentern Arco, Vequel und Latour, und die Grenadiers à cheval aus Mannschaften der Savoyer-Dragoner, des Leib-Infanterie-Regiments des Kurfürsten, des Infanterie-Regiments Kurprinz und des Regiments zu Fuß Zacco gebildet worden. In den Jahren 1701 und 1702 wurden beide Stammtruppen zu Garden erhoben.

Als erste Garnison wurde dem Regiment München zugewiesen. Der erste Kommandeur war Oberst Graf v. Piosasque.

Am 1. Januar 1790 wurde das Regiment in ein Chevaulegers-Regiment umgewandelt. Es erhielt die Nr. 3, am 21. Februar 1799 die Nr. 2, am 27. März 1804 die Nr. 1 und am 29. April 1811 wieder die Nr. 3.

In seiner Benennung führte das Regiment stets den Namen seines derzeitigen Inhabers. Der erste Inhaber war General-Wachtmeister Graf v. Minucci. Nachdem Herzog Karl Theodor, Regiments-Inhaber ab 7. Dezember 1895, am 30. November 1909 verstorben war, wurde am 2. Dezember 1909 Allerhöchst verfügt, daß das Regiment bis auf weiteres seine bisherige Bezeichnung fortzuführen habe.

Das Regiment garnisonierte in verschiedenen Standorten in Bayern und in der Pfalz und stand ab 31. Oktober 1890 in Dieuze/Lothringen.

Ausgehanzug (Sergeant) — mit Fechtabzeichen und Schützenschnur

Aus den Feldzügen

Der erste kriegerische Einsatz des Regiments erfolgte 1738/39 in der Reichs-Armee gegen die Türken.

In den Jahren 1741-1748 stand es im Österreichischen Erbfolgekrieg.

In den Feldzugsjahren 1793 bis 1796 und 1800 nahm das Regiment an den französischen Revolutionskriegen teil und kämpfte dabei 1794 im Verband mit den preußischen Blücher-Husaren und den preußischen Schmettau-Dragonern unter dem späteren GFM Blücher.

Ab 1805 nahm das Regiment aufgrund der politischen Gegebenheiten Bayerns an den Napoleonischen Kriegen in der Heeresfolge Frankreichs teil, so 1805 gegen Österreich, 1806/07 gegen Preußen und Rußland in Schlesien und Ostpreußen und 1809 gegen Österreich und Tirol.

Im Feldzug Napoleons I. gegen Rußland 1812 verlor auch das 3. Chevaulegers-Regiment durch Feindein-wirkung, Hunger, Kälte und Krankheiten fast den ganzen Bestand des Regiments.

Im Frühjahr 1813 wieder neu aufgestellte Eskadrons kämpften bis Herbst mit Frankreich in Sachsen gegen Preußen und Russen und nach Lösung Bayerns von Napoleon I. ab Ende Oktober 1813 gegen Frankreich.

Mit der 1. Eskadron des 4. Chevaulegers-Regiments gehörte die 1. Eskadron dieses Regiments zum bayerischen Expeditions-Korps 1832 nach Griechenland.

Im Feldzug 1866 gegen Preußen hatte das Regiment nur zwei Gefechte, am 10. Juli bei Nüdlingen und am 25. Juli bei Üttingen, zu bestehen.

Im Feldzug 1870/71 gegen Frankreich attackierte das Regiment bei Wörth. Weiter stand es an der Loire und beim Einschließungsring vor Paris.

Nach Kriegsende rückte das Regiment in die Garnison Freising ein.

Uniform

Waffenrock, wie Ulanka aus stahlgrünem Tuch, schwedische Aufschläge, Kragen, Aufschläge, Paraderabatte und Achselkappen pfirsichrot, Knöpfe gelb, Helm wie Schwere Reiter, Beschläge gelb, weißer Haarbusch, geweißte Koppel, stahlgrüne Reithose, lange Hose stahlgrün mit breiten Streifen in Abzeichen-Farbe; Uffz.: Tressen gelb; Offz.: Epaulettenfelder in Abzeichenfarbe, Epaulettenmonde gelb; Landeskokarde: weiß-blau.

Weltkrieg 1914-1918

Nach der Mobilmachung Anfang August 1914 wurde das grenznahe Regiment zum Grenzschutz in Lothringen eingesetzt. Nach Beendigung der Schlacht in Lothringen wurde es zum Vormarsch in Belgien und Nordfrankreich an den rechten Heeresflügel verlegt. Als die Front erstarrte, begann der Stellungskrieg, und die Chevaulegers wurden auch zur Entlastung der Infanterie als Schützen eingesetzt. So verblieb das Regiment in infanteristischem Einsatz im Westen und nahm an den Großkämpfen an der Somme und bei Ypern teil.

In den Jahren 1917/18 wurde der Regiments-Verband aufgelöst und die Eskadrons auf verschiedene Infanterie-Divisionen aufgeteilt.

Nach dem Waffenstillstand im November 1918 zog das Regiment, wieder versammelt, heimwärts nach Staffelstein in Oberfranken, weil die Garnison Dieuze verloren war. Es wurde dort festlich empfangen.

Im April 1919 wurde das Regiment nach Straubing verlegt und auch dort freudig begrüßt. Dann begann die Auflösung.

Noch einmal marschierte das Regiment in Zugkolonne auf dem Reitplatz der Kaserne auf. Dann erfolgte das letzte Kommando:

"Für immer fertig zum Absitzen — abgesessen!"

Die Tradition des Regiments wurde später von der 6. Eskadron des Reiter-Regiments Nr. 17 in Straubing weitergeführt.

Literatur

Das K.B. 3. Chevaulegers-Regiment Herzog Karl Theodor, ehemals Herzog Maximilian, von Sixt, München 1897

Das K.B. 3. Chevaulegers-Regiment Herzog Karl Theodor, von Fels, München 1930

Aus der Geschichte des K.B. 3. Chevaulegers-Regiment Herzog Karl Theodor, Schriftreihe des Waffenringes "Kampftruppen-Kavallerie-Schnelle Truppen e.V." Band V, 1968

Waffenrock zur Parade (Rittmeister)

4. Chevaulegers-Regiment König

I. Kgl. Bayerisches Armee-Korps	München;	Kd.Gen.: Gen. d. Inf. Ritter v. Xylander
2. Division	Augsburg;	Gen.Lt. Frhr. v. Gebsattel
2. Kav.Brig.	Augsburg;	Gen.Maj. Schrott

Garnison: Augsburg
Inhaber des Regiments: S.M. König Otto von Bayern
Kdr. des Regiments: Major Graf v. Freyen-Seyboltstorff, Herr zu Seyboltstorff

Stiftungstag des Regiments: 1. September 1744

Errichtung

Am 1. September 1744 befahl der wittelsbacher Kurfürst Karl Theodor aus der Linie Kurpfalz-Sulzbach, der nach dem Tode Maximilians III. Joseph im Jahre 1777 Kurfürst von Bayern wurde und damit die Pfalz mit Bayern vereinigte, die Errichtung eines Kavallerie-Regiments aus verstreut stehenden Reiter-Einheiten. So wurde das
"Graf Elliot Reiter-Regiment"
aus den Carabiniers der churpfälzischen Regimenter Taxis-Reiter und Elliot-Dragoner sowie der oberrheinischen Kreiseskadron mit Standort in der Pfalz formiert.
Die bezeichneten Stammtruppen waren schon 1689, 1695 und 1702 aufgestellt worden, hatten am Spanischen Erbfolgekrieg teilgenommen und bei Landau (1702 und 1704), bei Lille (1707) und in der berühmten Schlacht bei Malplaquet (1709) gefochten.
Von 1748 bis 1784 waren die Pfalzgrafen Carl August und Friedrich Michael von Pfalz-Zweibrücken Inhaber des Regiments.
Infolge der Vereinigung der Pfalz mit Bayern im Jahre 1777 wurde eine Neuorganisation der bayerischen Armee erforderlich. Das Regiment erhielt am 1. Januar 1790 die neue Bezeichnung
"2. Kürassier-Regiment".
Am 6. Februar 1799 wurde dem Regiment die Zweibrücker Chevaulegers-Leibgarde einverleibt, und es erhielt den neuen Namen
"4. Chevaulegers-Regiment Erbprinz Louis",
nach dem späteren König Ludwig I. von Bayern. Bereits am 21. Februar 1799 — evtl. auch am 25. oder am 27. Februar 1799 — wurde die Benennung geändert, weil sich der Vater des Erbprinzen, zur Regierung gelangt, nunmehr selbst zum Inhaber des Regiments erklärte. Das Regiment hieß nun

"1. Chevaulegers-Regiment Kurfürst Maximilian IV. Joseph"
und erhielt München als neue Garnison zugewiesen. In den Jahren 1801 und 1802 erfolgten wieder Namensänderungen in "Kurfürst Chevaulegers" mit Standort Heidelberg und "2. Chevaulegers-Regiment Kurfürst" mit Standort Würzburg nach Abtretung der Mittelpfalz an Baden und dem Neuerwerb des Fürstentums Würzburg. Ab 1. Januar 1806, dem Tage der Erhebung Bayerns zum Königreich, führte das Regiment den Namen
"2. Chevaulegers-Regiment König"
nach dem ersten bayerischen König Maximilian I. Joseph und zog 1808 in die neue Garnison Augsburg ein, die es bis zu seiner Auflösung im Jahre 1919 innehatte. Von nun an erklärten sich jeweils die Könige von Bayern zum Inhaber des Regiments: 1825 Ludwig I., 1848 Maximilian II., 1864 Ludwig II., 1886 Otto I. und 1913 Ludwig III.
Am 29. April 1811 erhielt es die Bezeichnung
"4. Chevaulegers-Regiment König"
Auf Anordnung des Königs Ludwig I. vom 28. Oktober 1835 führte das Regiment von nun an die Bezeichnung "König" für immer.
Am 22. November 1832 rückte die 1. Eskadron ohne Pferd zu einer Expedition nach Griechenland aus, wo Otto, der zweite Sohn Ludwigs I., König geworden war und kehrte am 22. Januar 1834 nach Augsburg zurück.
Im Juni 1910 wurde Augsburg von einer Hochwasserkatastrophe heimgesucht. Das Regiment leistete mit dem 3. B. Infanterie-Regiment, dem 4. B. Feldartillerie-Regiment und herbeigezogenen Pionieren tagelange Rettungsarbeiten.

Waffenrock zur Parade (Chevauleger)

Aus den Feldzügen

Von 1756 bis 1763 nahmen zwei Eskadrons des Regiments als pfälzisches Kontingent zur Reichsarmee am Siebenjährigen Krieg gegen Preußen teil und erhielten ihre Feuertaufe in der Schlacht bei Roßbach am 5. November 1757.

Im Feldzug mit Österreich gegen Frankreich 1799/1800 stand das Regiment bei mehreren Gefechten im süddeutschen Raum.

Aufgrund der Schwenkung Bayerns zu Frankreich hin war es gezwungen, an den Napoleonischen Kriegen teilzunehmen.

Das Regiment nahm zunächst 1805 auf französischer Seite am Feldzug gegen Österreich teil und rückte am 29.10.1805 in Salzburg ein.

1806/07 focht es gegen Preußen in Schlesien und zog am 30. Juli 1807 in Berlin ein. Im Feldzug 1809 kämpfte es gegen österreichische Ulanen bei Landshut, nahm an der Schlacht bei Wagram teil und marschierte am 6. Juli 1809 in Wien ein. Nach der Erstürmung des Berges Isel bei Innsbruck kam das Regiment im Januar 1810 wieder nach Augsburg zurück. Nun folgte auch für die 4. Chevaulegers das dunkelste Kapitel in der bayerischen Kavallerie, der Rußlandfeldzug von 1812. Die Königs-Chevaulegers zahlten ebenfalls einen hohen Blutzoll für Napoleon I. So standen sie bei Borodino, in Moskau, bei Wjasma und an der Beresina. Nur 60 Königs-Chevaulegers kehrten abgerissen und zerlumpt im Februar 1813 in die Heimat zurück.

Sofort wurde das Regiment neu formiert. Eine Eskadron rückte zum letzten Mal zum Kampf gegen Preußen auf französischer Seite aus. Es kam zu Gefechten bei Bautzen und Jüterbog. Aufgrund des Vertrages von Ried am 8. Oktober 1813 löste sich Bayern vom Rheinbund. Das Regiment focht mit den nun wieder verbündeten Österreichern und attackierte französische Kürassiere bei Hanau am 30. Oktober 1813. Am 1. April 1814 rückte es in Paris ein. Nach Rückkehr Napoleons I. von der Insel Elba mußte das Regiment im Frühjahr 1815 nochmals ausrücken, kehrte aber, ohne große Gefechtsberührungen gehabt zu haben, vor Weihnachten 1815 nach Augsburg zurück.

Im Feldzug 1866 gegen Preußen nahm das Regiment als Divisions-Kavallerie der 2. B. Infanterie-Division im Verband der Bundestruppen teil. Am 10. Juli 1866 attackierte die 1. Eskadron erfolgreich gegen preußische Infanterie bei Kissingen. Am 8. September 1866 rückte das Regiment wieder in die Garnison ein.

Im Feldzug 1870/71 gegen Frankreich stand das Regiment wiederum in derselben Kriegsgliederung im Verband der III. Armee des Kronprinzen Friedrich Wilhelm von Preußen. Die vorwiegendsten Aufgaben waren Patrouillen- und Aufklärungsdienste u. a. bei Wörth, Sedan, Orléans und beim Belagerungsring vor Paris. Nach Beendigung der Kampfhandlungen verblieb das Regiment noch bis 1873 als Besatzungstruppe in Frankreich und kehrte erst am 4. August 1873 wieder nach Augsburg zurück.

Im Jahre 1900 traten Königs-Chevaulegers zum ostasiatischen Reiter-Regiment über und nahmen an der internationalen Chinaexpedition gegen den Boxeraufstand in China teil.

Von 1902 bis 1904 meldeten sich Königs-Chevaulegers freiwillig zur Schutztruppe zur Niederwerfung des Aufstandes in Deutsch-Südwestafrika.

Dienst-Waffenrock (Chevauleger)

Uniform	Waffenrock, wie Ulanka aus stahlgrünem Tuch, schwedische Aufschläge, Kragen, Aufschläge, Paraderabatte und Achselklappen ponceaurot, Knöpfe weiß, Helm wie Schwere Reiter, Beschläge weiß, weißer Haarbusch, geweißte Koppel, stahlgrüne Reithose, lange Hose stahlgrün mit breiten Streifen in Abzeichenfarbe; Uffz.: Tressen silbern; Offz.: Epaulettenfelder in Abzeichenfarbe, Epaulettenmonde weiß; Landeskokarde: weiß-blau.

Weltkrieg 1914-1918

Nach der Mobilmachung rückte die 3. Eskadron bereits am 2. August 1914 nach Westen aus, das Regiment folgte am 7. August 1914. Es wurde zur Grenz- und Aufmarschsicherung westlich Saarburg in Lothringen eingesetzt. Dann erfolgte die Verlegung an den rechten Flügel der Deutschen Armee nach Norden, um dort ebenfalls Aufklärung zu leisten. Ab Oktober 1914 erstarrte die Front im Stellungskrieg, und so wurde das Regiment ein Jahr lang zu Wach- und Polizeidiensten hinter der Front verwendet. Zeitweise mußten die Chevaulegers in den Schützengraben an der Somme, für Kavalleristen völlig ungewohnt.

Ende Mai 1915 wurde die 3. Eskadron aus dem Regimentsverband gezogen und als Gebirgskavallerie dem Deutschen Alpenkorps einverleibt. Die Chevaulegers fochten in Serbien, in den albanischen Bergen, an der griechischen Grenze, dann 1916 vor Verdun und wieder auf dem Balkan.

Im November 1915 wurde das Regiment bis Mitte 1916 zum Polizeidienst in das General-Gouvernement nach Warschau in Polen verlegt.

Nach dem Kriegseintritt Rumäniens im Herbst 1916 nahm es wieder am berittenen Vormarsch teil. Von nun an kämpfte das Regiment in einer Brigade zusammen mit den 5. Chevaulegers aus Saargemünd bis Kriegsende.

Im Dezember 1916 mußte die Brigade zum Grenzschutz an die belgisch-holländische Grenze zurück in den Westen, wurde dann im Herbst 1917 aber wieder in den Osten zum Stellungskampf am Stochod in russisch-Polen verbracht.

Im Februar 1918 begann für die Brigade eine fast abenteuerlich anmutende Unternehmung zu Lande und zu Wasser zur Sicherung Süd-Rußlands gegen Rotarmisten und Aufständische bis vor Tiflis im Kaukasus und wieder zurück nach Bulgarien, um dann durch aufständische Gebiete in die Heimat zurückzukehren.

Zu Weihnachten 1918 traf das Regiment "sang- und klanglos" in Augsburg ein und wurde 1919 demobilisiert und aufgelöst. Zahlreiche Chevaulegers schlossen sich bayerischen Volkswehren und Freikorps an.

Die Tradition des Regiments wurde später von der A-Eskadron des Reiter-Regiments Nr. 17 in Bamberg übernommen.

Literatur	Das K. B. 4. Chevaulegers-Regiment König von alten Regimentskameraden, München 1922
	Zur Geschichte des Kgl. Bayer. 4. Chevaulegers-Regiment König, Sonderdruck aus Band IV der Schriftreihe des Waffenrings" Kavallerie-Schnelle-Truppen" e.V., 1968.

5. Chevaulegers-Regiment Erzherzog Friedrich von Österreich

II. Kgl. Bayerisches Armee-Korps	Würzburg;	Kd.Gen.: Gen. d. Inf. Ritter von Martini
3. Division	Landau (Pfalz)	Gen.Lt. Breitkopf
3. Kav.Brig.	Dieuze	Gen.Maj. v. Hellingrath

Garnison:	Saargemünd
Inhaber des Regiments:	S.K. v. K.H. Erzherzog Friedrich von Österreich
Kdr. des Regiments:	Oberstlt. Ritter, Edler v. Schultes

Stiftungstag des Regiments: 1. April 1776

Errichtung

Nach dem Erlöschen der bayerischen Linie der Wittelsbacher durch den Tod des Kurfürsten Maximilian III. Joseph im Jahre 1777 folgte Kurfürst Karl Theodor aus der Linie Kurpfalz-Sulzbach, der letzte seines Hauses. Dadurch wurde die Pfalz mit Bayern vereinigt. Noch in der Pfalz, befahl Karl Theodor am 6. Dezember 1775 die Aufstellung eines Dragoner-Regiments, das am 1. April 1776 in Kreuznach formiert wurde. Die Reiter hatten bereits an mehreren Feldzügen — am Spanischen und Österreichischen Erbfolgekrieg und am Siebenjährigen Krieg — teilgenommen.
Das Regiment erhielt nach seinem ersten Inhaber den Namen

"Dragoner-Regiment Leininger".

Der erste Kommandeur des Regiments war Oberst Frhr. v. Hautzenberg.
Am 1. August 1788 wurde das Regiment in das

"Chevaulegers-Regiment Leininger"

umbenannt. Es verrichtete hauptsächlich Gendarmeriedienste in den Bezirken seiner verteilt gelegenen Ortsunterkünfte.
Das Regiment war rein pfälzischer Herkunft und verblieb auch die nächsten Jahre in den Räumen Kreuznach, Neustadt a. H., Mannheim, Bretten und Heidelberg. — Mannheim, Bretten und Heidelberg gehörten zur Mittelpfalz. —
In den Folgezeiten erhielt es die Numerierungen:
1. Januar 1790 Nr. 1, 27. Februar 1799 Nr. 4, 27. März 1804 Nr. 3 und am 29. April 1811:

"Chevaulegers-Regiment Leininger Nr. 5".
Unter Kurfürst Maximilian IV. Joseph aus der Linie Pfalz-Zweibrücken (1799-1825), der am 1. Januar 1806 erster König von Bayern wurde, verlor das Regiment seine ausschließlich pfälzische Eigenart und wurde 1803 nach Würzburg verlegt, das Bayern für die Abtretung der Mittelpfalz an Baden erhalten hatte. Im gleichen Jahr 1803 wurden dem Regiment Teile des aufgelösten alten pfälzischen Leib-Dragoner-Regiments einverleibt. Badische Landeskinder, die nicht bei den pfälzischen Bayern bleiben wollten, wurden am 25. Februar 1803 an Markgraf, später Kurfürst Karl-Friedrich von Baden überstellt. Diese ehemaligen Chevaulegers wurden zu einer leichten Dragoner-Eskadron mit dem Standort Heidelberg formiert und bildeten die Stammtruppe des späteren

"1. Badischen Leib-Dragoner-Regiments Nr. 20".
Von nun an garnisonierte das Chevaulegers-Regiment Nr. 3, später Nr. 5, mit den Bezeichnungen verschiedener Regiments-Inhaber in ständigem Wechsel in Bayern und in der Pfalz.

Nach dem Feldzug 1870/71 bezog das Regiment Garnison in Saargemünd. Am 9. Juni 1903 ernannte Prinzregent Luitpold von Bayern den Erzherzog Friedrich von Österreich, den Neffen des Regiments-Inhabers von 1886 bis 1895, Erzherzog Albrecht von Österreich, zum neuen und letzten Inhaber des Regiments.

Aus den Feldzügen

Die militärischen Einsätze des Regiments begannen im Jahre 1790. Es stand im 1. Koalitionskrieg (1792-1797) unter preußischem Oberbefehl gegen Frankreich.
In den Napoleonischen Kriegen stand es in zahlreichen Gefechten in den Feldzügen 1806/07 gegen Preußen und Rußland und 1809 gegen Österreich. Das Jahr des Rußlandfeldzuges 1812 brachte die fast völlige Vernichtung des Chevaulegers-Regiments Nr. 5. Als

Überlebende kamen im Jahre 1813 nur vierzehn in Lumpen gehüllte Chevaulegers in die Heimat zurück. Trotzdem wurde das Regiment im März 1813 wieder neu formiert, um Frankreich neue Kräfte zuzuführen. Dazu kam es indessen nicht.

Noch vor der Völkerschlacht bei Leipzig (16. bis 19. Oktober 1813) trat Bayern im Vertrag von Ried am 8. Oktober 1813 zu den Verbündeten über, so daß das Regiment von nun an gegen Frankreich eingesetzt wurde und siegreich an der Schlacht bei Hanau teilnahm. Am 1. April 1814 zog es in Paris ein. Im Feldzug von 1815, nach Rückkehr Napoleons I. von Elba, rückte das Regiment wieder in Frankreich ein und erreichte ohne besondere Gefechtseinsätze am 1. Oktober 1815 nochmals Paris.

In den Jahren 1848 und 1849 stand das Regiment zur Bekämpfung von Unruhen in Frankfurt/Main und im Feldzug gegen Dänemark.

Im Feldzug 1866 Preußen gegen Österreich erlitt das Regiment auf Seiten der Bundestruppen eine schwere Niederlage bei Hettenhausen-Hersfeld.

Im Feldzug 1870/71 verrichtete das Regiment von seiner grenznahen Garnison Zweibrücken aus zunächst Grenzschutz gegen Frankreich. Dann, der III. Armee des Kronprinzen Friedrich Wilhelm von Preußen zugeteilt, nahm es an den Gefechten bei Weißenburg (4. August 1870), Wörth (6. August 1870) und an der Schlacht bei Sedan (1. September 1870) teil. Es attackierte mehrere Male erfolgreich. Nach Beendigung des Feldzuges rückte das Regiment in die neue Garnison Saargemünd ein.

Uniform

Waffenrock, wie Ulanka aus stahlgrünem Tuch, schwedische Aufschläge, Kragen, Aufschläge, Paraderabatte und Achselklappen ponceaurot, Knöpfe gelb, Helm wie Schwere Reiter, Beschläge gelb, weißer Haarbusch, geweißte Koppel, stahlgrüne Reithose, lange Hose stahlgrün mit breiten Streifen in Abzeichenfarbe; Uffz.: Tressen gelb; Offz.: Epaulettenfelder in Abzeichenfarbe, Epaulettenmonde gelb; Landeskokarde: weiß-blau.

Weltkrieg 1914-1918

Der Erste Weltkrieg bescherte auch diesem alten pfälzischen Reiter-Regiment Einsätze von Flandern bis zum Kaukasus.

Nach der Mobilmachung versah es im August 1914 zunächst wieder Grenzschutz gegen Frankreich und nahm an den Grenzgefechten bei Lunéville teil. Im September 1914 wurde es nach Nordfrankreich verlegt, um am "Wettlauf zum Meer" eingesetzt zu werden, der dann nach Erstarrung der Front zum Stellungskampf führte. Um die Jahreswende 1914/15 verrichtete das Regiment Polzeidienst hinter der Front in Belgien und kam dann bis Herbst 1915 wieder in den Stellungskampf.

Ende 1915 wurde das Regiment an die Ostfront nach Polen verlegt und verrichtete ein Jahr lang rückwärtige Dienste in den Militär-Gouvernements Sielze und Lukow.

Im Sommer 1916 wurde es wieder in Wolhynien gefechtsmäßig gegen die russische Brussilow-Offensive eingesetzt. Dann ging es zum Stellungskampf in die Rokitno-Sümpfe. Ende 1916 — wieder aufgesessen — erfolgte zusammen mit den Königs-Chevaulegers in einer Kavallerie-Brigade der Einmarsch in Rumänien und dann, wider Erwarten, die Rückverlegung der Brigade in den Westen, um bis September 1917 Grenzschutz an der belgisch-holländischen Grenze zu versehen.

Wieder ging es an die Ostfront zurück zum Stellungskampf am Stochod bis zum Waffenstillstand an der russischen Front.

Anfang 1918 wurde die Brigade zur Sicherung der Ukraine und des südrussischen Raumes vor Rotarmisten in Marsch gesetzt. Damit begann eine fast unglaubliche Odyssee. Die Marschroute der Brigade verlief bis tief in den Süden nach Rostow, dann an das Asowsche Meer zur Krim, weiter von Sewastopol aus per Schiff über das Schwarze Meer nach Poti, weiter nach Tiflis, um diese Gebiete von Aufständischen zu säubern. Ende September 1918 brach Bulgarien zusammen, und so wurde die Brigade aus Asien zum Donau-Stromschutz an die rumänisch-bulgarische Grenze zurückberufen. Sie erreichte per Schiff auf der Donau den Einsatzort, mußte dann aber infolge starken Druckes durch französische Truppen nach Bukarest zurück.

Am 13. November 1918 erreichten die Brigade die Nachrichten über die Ereignisse im Westen. Am 22. November 1918 trat sie dann den langen Rückmarsch in die Heimat an, wo die 5. Chevaulegers Ende Dezember 1918 in Lichtenfels eintrafen, weil die Garnison Saargemünd verloren gegangen war.

Im Februar 1919 wurde das Regiment nach Dillingen/Donau verlegt und dann bis Mitte 1920 aufgelöst. Zahlreiche Chevaulegers meldeten sich zu Freikorps.

Die Tradition des Regiments wurde später von der 1. Eskadron des Reiter-Regiments Nr. 17 in Bamberg weitergeführt.

Überrock (Rittmeister)

Literatur   Zur Geschichte des 5. Kgl. Bayer. Chevaulegers-Regiments Schriftreihe Waffenring
"Kampftruppen-Kavallerie-Schnelle Truppen" e.V., Band V, 1968

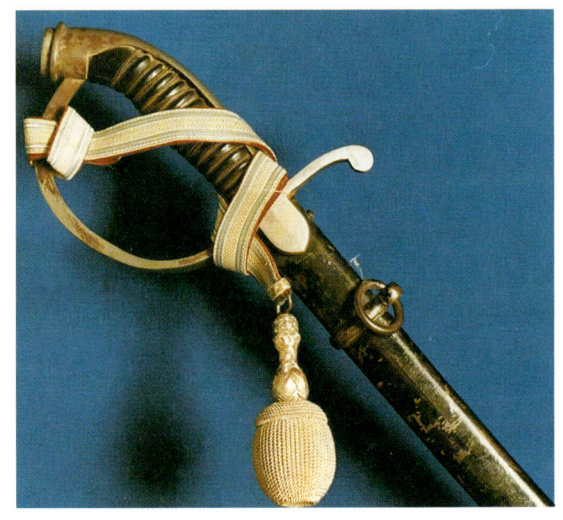

6. Chevaulegers-Regiment Prinz Albrecht von Preußen

III. Kgl. Bayerisches Armee-Korps	Nürnberg;	Kd.Gen.: Gen. d. Art. Frhr. von Horn
5. Division	Nürnberg;	Gen.Lt. Ritter v. Schoch
5. Kav.Brig.	Nürnberg;	Gen.Maj. v. Hößlin
Garnison:	Bayreuth	
Kdr. Des Regiments:	Oberst Frhr. v. Redwitz	

Stiftungstag des Regiments: 1. April 1803

Errichtung

Durch Erlaß des Kurfürsten Maximilian IV. Joseph in München vom 31. März 1803 wurde am 1. April 1803 aus den mit den Hochstiften Würzburg und Bamberg übernommenen ehemalig fürstbischöflichen Dragonern und Husaren und einem Teil des aufgelösten Düsseldorfer-Dragoner-Regiments ein Kavallerie-Regiment errichtet, der vom Würzburger Stande übernommene Generalmajor Freiherr von Bubenhoven zu seinem Inhaber ernannt und dem Regiment die Bezeichnung

"4. Chevaulegers-Regiment Bubenhoven"

gegeben.

Als erste Garnisonen bezog das Regiment Würzburg und Bamberg. Der erste Kommandeur war Oberst Graf v. Preysing-Moos.

— Die Geschichte der Dragoner aus der Würzburger und Bamberger Kavallerie geht bis zu den Anfängen der Reichs- und Kreiskriegsverfassung des Heiligen Römischen Reiches Deutscher Nation zurück. In den Jahren 1500 und 1512 schuf Kaiser Maximilian I., der letzte Ritter, insgesamt zehn Wehrkreise, die auch dem Namen nach bis zur Auflösung des Reiches am 6. August 1806 bestehen blieben. Die sogenannten Reichskreise hatten Kreismiliz-Kontingente zu den Reichskriegen zu stellen.

Die Bistümer Würzburg und Bamberg gehörten dem fränkischen Kreise an. Im Jahre 1553 stellte Bischof Melchior von Würzburg sechs Reiterfähnlein mit 1.476 Pferden gegen den Markgrafen von Brandenburg auf. 1563 bestand die Kreismiliz aus 800 Reitern und 800 Hakenschützen. Im Dreißigjährigen Krieg standen bei den würzburgisch-bambergischen Truppen drei Reiter-Regimenter.

Im Jahre 1675 verfügte das Hochstift Würzburg über das Kürassier-Regiment Truchseß und das Dragoner-Regiment Hedesdorff, die als Hilfstruppen an den Türkenkriegen teilnahmen. Die Truchseß-Kürassiere

verblieben für immer im kaiserlichen Dienst und wurden nach Ungarn verlegt. Über das Schicksal der Hedesdorff-Dragoner ist Näheres nicht mehr bekannt.

Im Jahre 1688 wurde in Würzburg wieder ein Dragoner-Regiment aufgestellt, das 1741 ein Haus-Dragoner-Regiment wurde.

Das Bamberger-Kontingent bestand 1756 aus je einer Kürassier- und einer Dragoner-Kompanie, die sich in die betreffenden Kreis-Regimenter einfügten.

Wechselvolle Ereignisse waren der Würzburger und Bamberger Kavallerie beschieden. Der Verfall des Reiches machte sich Anfang des 19. Jahrhunderts auch bei den Truppen bemerkbar. Die Kavallerie-Regimenter waren ihren Aufgaben nicht mehr gewachsen.

Fürstbischof Johann Philipp Franz formierte 1722 ein Kontingent Husaren aus vornehmlich Ansbacher-Reitern, die Hof-Dienste in Würzburg und Bamberg, aber auch Gendarmerie-Dienste auf dem Lande versahen. Unmittelbar vor seiner Auflösung im Jahre 1803 bestand das Husaren-Korps aus 77, meist völlig überalterten Leuten.

Die Düsseldorfer-Dragoner stammten aus kurpfälzischer Kavallerie:

Nach Beginn des Dreißigjährigen Krieges wurde 1621/22 ein kurpfälzisches Regiment zu Pferde "Oberntraut" aufgestellt. Zwischen 1649 und 1652 errichtete Kurfürst Karl-Ludwig eine Leibkompanie zu Pferde. In den folgenden Jahren wurde die Reiterei durch ein Dragoner-Regiment vermehrt. Im Jahre 1690 wurde die jülich-bergische und die kurpfälzische Militärmacht vereinigt, so daß bei Beginn des Spanischen Erbfolgekrieges 1701 bei der kurpfälzischen Kavallerie eine Eskadron Leibgarde zu Pferde und je ein Regiment Wittgenstein-Dragoner, Leib-Reiter, Hochkirch-Karabiniers, Vehlen-Dragoner, Bentheim-Dragoner und Vennings-Gendarmen standen. In den Jahren 1714 und 1720 wurde die pfälzische Kavallerie stark vermindert.

Im Jahre 1744 wurden die noch bestehenden fünf Kavallerie-Regimenter zusammengezogen, wovon das eine Regiment zum Graf-Elliot-Reiter-Regiment formiert wurde, aus dem später das 4. Chevaulegers-Regiment König hervorging. Das andere Regiment wurde in Heidelberg als Leib-Dragoner-Regiment errichtet.

Mit dem am 30. Dezember 1777 erfolgten Ableben des Kurfürsten Maximilian III. Joseph erlosch die bayerische Wittelsbacher-Linie, und Kurfürst Karl-Theodor von Kurpfalz-Sulzbach trat die Nachfolge an. Die Residenz wurde nach München verlegt und die pfälzischen mit den bayerischen Truppen vereinigt.

Im Jahre 1800 wurde das Leib-Dragoner-Regiment in ein kombiniertes Dragoner-Regiment umgewandelt. Nach abermaliger Formations-Änderung der Kavallerie am 2. März 1801 wurde das Regiment "vakant" Dragoner-Regiment bezeichnet. Im Dezember 1801 wurde es nach Düsseldorf verlegt und am 2. August 1803 aufgelöst.

Am 29. April 1811 erhielt das Regiment seine endgültige Bezeichnung
                    "6. Chevaulegers-Regiment",
dazu jeweils den Namen seines derzeitigen Inhabers, so den der Herzöge Eugen, August und Maximilian v. Leuchtenberg von 1817 bis 1852 und dann bis 1892 den Namen des Großfürsten Konstantin Nikolajewitsch von Rußland. Im Jahre 1897 wurde Prinz Albrecht von Preußen zum Inhaber des Regiments ernannt. Nach dessen Tode am 13. September 1906 wurde verfügt, daß das Regiment die bisherige Bezeichnung fortzuführen habe.

Das Regiment garnisonierte in Bayern und in der Pfalz in verschiedenen Standorten. 1909 siedelte es endgültig nach Bayreuth über.

Im Ersten Weltkrieg, am 7. Dezember 1916, erhielt das Regiment anläßlich der Verabschiedung des Kriegsministers Frhr. Kreß von Kressenstein, diesen als Inhaber und als Ehrenbezeichnung "Kreß".

Aus den Feldzügen

Das 4. Chevaulegers-Regiment nahm 1805 mit Frankreich am Feldzug gegen Österreich teil, nachdem der Kurfürst in Allianzverhandlungen mit Napoleon I. die bayerische Armee in französische Heerfolge gebracht hatte.

Das Jahr 1807 brachte die Chevaulegers in den Krieg Frankreich gegen Schweden bis Pommern, Greifswald, Stralsund und auf die Insel Rügen.

Im Jahre 1809 stand das Regiment wiederum gegen Österreich und gegen Tirol.

Im Feldzug Napoleons I. gegen Rußland 1812 war das Regiment bei den bayerischen Hilfstruppen und erlitt auch schwerste Verluste bei Borodino, Wjasma und an der Beresina. Doch schon im Frühjahr 1813 waren vier neue Eskadrons aufgestellt, die in Sachsen eingesetzt wurden.

Anfang Oktober 1813 dann, nach dem Vertrag von Ried, löste sich Bayern von Frankreich, und die baye-

rischen Truppen säuberten mit österreichischen Verbänden gemeinsam Süddeutschland von den Franzosen.

Nach der Rückkehr Napoleons I. von Elba im März 1815 wurde das Regiment erneut mobilisiert, rückte nach Westen aus, stand vor Landau und ging dann nach Frankreich bis zur Loire, wo es vor Orléans bis zum Ende des Feldzuges verblieb.

Im Feldzug 1866 stand das Regiment im Verband der Bundestruppen gegen Preußen und hatte Gefechte bei Roßdorf und Hettstadt.

Im Feldzug 1870/71 wurde das Regiment beim I. K.B. Armee-Korps der III. Armee des Kronprinzen Friedrich Wilhelm von Preußen zugeteilt und rückte in Frankreich ein. Bei Sedan stand es am 1. September 1870 in Bereitschaft. Dann wurde es ins Elsaß beordert und bis Kriegsende bei Pfalzburg und Bitsch in Sicherungsdiensten eingesetzt.

Uniform	Waffenrock, wie Ulanka aus stahlgrünem Tuch, schwedische Aufschläge, Kragen, Aufschläge, Paraderabatte und Achselklappen pfirsichrot, Knöpfe weiß, Helm wie Schwere Reiter, Beschläge weiß, weißer Haarbusch, geweißte Koppel, stahlgrüne Reithose, lange Hose stahlgrün mit breiten Streifen in Abzeichenfarbe; Uffz.: Tressen silbern; Offz.: Epaulettenfelder in Abzeichenfarbe, Epaulettenmonde weiß; Landeskokarde: weiß-blau.
Literatur	Geschichte des K.B. 6. Chevaulegers-Regiments Großfürst Konstantin Nikolajewitsch, von Palmberger, Amberg 1883
	Geschichte des K.B. 6. Chevaulegers-Regiments Prinz Albrecht von Preußen 1803-1871, von Heinze, Leipzig 1898
	Geschichte des K.B. 6. Chevaulegers-Regiments Kreß im Kriege 1914-1919, von v. Waldenfels, Bayreuth 1921

Waffenrock zur Parade (Unteroffizier)

Weltkrieg 1914-1918

Unmittelbar nach der Mobilmachung am 1. August 1914 rückte das Regiment nach Westen aus und wurde zum Grenzschutz in Lothringen eingesetzt. Bis Ende September 1914 operierte es zwischen Maas und Mosel. Dann wurde es an den rechten Heeresflügel nach Norden verlegt und nahm an den Aufklärungs- und Verschleierungskämpfen in Belgien und Nordfrankreich teil. Von Dezember 1914 bis Ende März 1915 versah das Regiment Sicherungsdienste im General-Gouvernement Belgien und stand als Armee-Reserve bei Metz.

Am 1. April 1915 wurde es an die Ostfront verlegt und im berittenen Vormarsch bei Kämpfen in Lithauen und in Kurland verwendet. Anschließend kam es mit anderen K.B. Kavallerie-Regimentern bis Mitte 1916 zum Stellungskrieg nach russisch-Polen.

Weiter ging es nach Galizien und in die Bukowina, teils in berittenem und teils in Schützen-Einsatz bis Ende 1917. Etappendienst in Rumänien war bis Frühjahr 1918 die nächste Station des Regiments. Bis Kriegsende im November 1918 und darüber hinaus bis Anfang Januar 1919 versah es dann Sicherungsdienste in der Ukraine zum Schutz vor Rotarmisten und Aufständischen.

Ab 20. Januar 1919 traf das Regiment nach beschwerlichem Rückmarsch wieder in Bayreuth ein und wurde von der Bevölkerung freundlich empfangen. Es wurde demobilisiert und nach dem Gesetz vom 6. März 1919 aufgelöst.

Die Tradition des Regiments wurde später von der 1. Eskadron des Reiter-Regiments Nr. 17 in Bamberg übernommen.

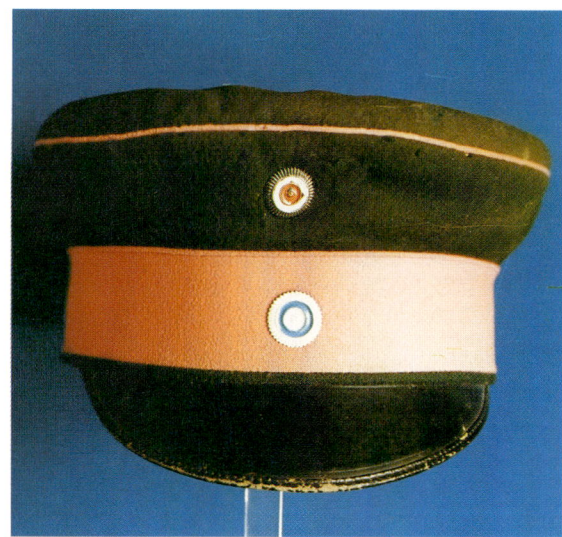

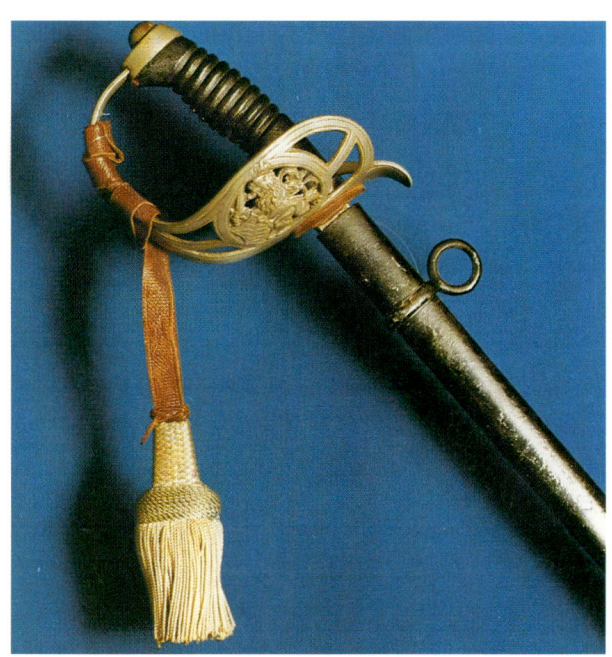

7. Chevaulegers-Regiment
Prinz Alfons

III. Kgl. Bayerisches Armee-Korps	Nürnberg;	Kd.Gen.: Gen. d. Art. Frhr. v. Horn
6. Division	Regensburg;	Gen.Lt. Ritter v. Höhn
6. Kav.Brig.	Regensburg;	Gen.Maj. Weigel

Garnison:	Straubing
Inhaber des Regiments:	Gen. d. Kav. Alfons, Prinz von Bayern, K.H.
Kdr. des Regiments:	Oberstlt. Ritter v. Poschinger

Stiftungstag des Regiments: 1. Oktober 1905

Errichtung

Das 7. Chevaulegers-Regiment wurde aufgrund der Heeresvermehrung am 1. Oktober 1905 aus

a) dem ursprünglich am 22. Dezember 1895 errichteten und dem 1. Chevaulegers-Regiment in Nürnberg angegliederten Meldereiter-Detachement, das 1897 in Detachement Jäger zu Pferd umbenannt und dem II. K.B. Armee-Korps in Nürnberg zugeteilt worden war,

b) der am 1. Oktober 1900 bei dem I. K.B. Armee-Korps in München errichteten und dem 1. Schweren Reiter-Regiment zugeteilt gewesenen Eskadron Jäger zu Pferd und

c) einer aus den Chevaulegers-Regimentern 1 bis 6 neu gebildeten Eskadron

formiert.

Als Garnison wurde dem neuen Regiment Straubing zugewiesen. Der erste Kommandeur war Major Manz. Am 1. Oktober 1906 erhielt das Regiment die 3. Eskadron des 1. Chevaulegers-Regiments als 4. Eskadron. Im November 1909 wurde Prinz Alfons von Bayern zum Regiments-Inhaber ernannt.

Im Jahre 1907 fielen zwei Chevaulegers des Regiments in Deutsch-Südwestafrika.

Uniform

Waffenrock, wie Ulanka aus stahlgrünem Tuch, schwedische Aufschläge, Kragen, Aufschläge, Paraderabatte und Achselklappen weiß, Knöpfe gelb, Helm wie Schwere Reiter, Beschläge gelb, weißer Haarbusch, geweißte Koppel, stahlgrüne Reithose, lange Hose stahlgrün mit breiten Streifen in Abzeichenfarbe; Uffz.: Tressen gelb; Offz.: Epaulettenfelder in Abzeichenfarbe, Epaulettenmonde gelb; Landeskokarde: weiß-blau.

Dienst-Waffenrock (Chevauleger) — mit Fechtabzeichen

Weltkrieg 1914-1918

Nach der Mobilmachung am 2. August 1914 rückte das Regiment am 7. und 8. August 1914 nach Westen aus. Es war der 5. K.B. Infanterie-Division unterstellt und sammelte bei Metz in Lothringen.

Zunächst versah es Grenzsicherungs- und Patrouillendienste und wurde dann in der Schlacht in Lothringen eingesetzt. Von Ende September 1914 bis Mitte Juni 1916 nahm das Regiment an den Kämpfen zwischen Maas und Mosel teil. Die Chevaulegers wurden hauptsächlich im Patrouillen-Dienst und auch als Schützen im Stellungskampf verwendet.

Anfang März 1915 wurde die 4. Eskadron mit der 1. Eskadron des 2. Chevaulegers-Regiments der neu formierten 11. K.B. Infanterie-Division zugeteilt. Sie bildeten zusammen das Kavallerie-Regimen v. Savoye.

Die Division wurde an die Ostfront, nach Galizien, verlegt und dort bis September 1915 eingesetzt. Anschließend nahm sie an der Niederwerfung Serbiens teil und wurde dann Anfang 1916 wieder an die Westfront zurückgeholt, um bei Verdun rückwärtige Dienste zu versehen.

Mitte Juni 1916 wurde die 11. K.B. Infanterie-Division zum Bewegungskrieg in den Osten zurückverlegt. Dabei wurde das ganze 7. Chevaulegers-Regiment der 11. K.B. Infanterie-Division unterstellt. Das Regiment wurde in russisch-Polen in den Kämpfen am Styr und am Stochod eingesetzt.

Von Oktober 1916 bis Januar 1917 wurden der Regiments-Stab und die 1. und die 4. Eskadron der 12. K.B. Infanterie-Division als Halbregiment angegliedert. Die 2. und 3. Eskadron verblieben als 2. Halbregiment bei der 11. K.B. Infanterie-Division.

Im Februar 1917 wurden die Halbregimenter wieder aufgelöst und der Regiments-Stab und die einzelnen Eskadrons auf verschiedene K.B. Infanterie-Divisionen als Divisions-Kavallerie verteilt. Dort wurden sie sowohl im Osten als auch im Westen bis zum Kriegsende selbständig verwendet.

Im Dezember 1918 kehrten die Eskadrons einzeln nach Straubing zurück, wurden demobilisiert und nach dem Gesetz vom 6. März 1919 aufgelöst.

Die Tradition des Regiments wurde später von der 6. Eskadron des Reiter-Regiments Nr. 17 in Straubing weitergeführt.

Literatur   Das K.B. 7. Chevaulegers-Regiment von Dr. Dihm, München

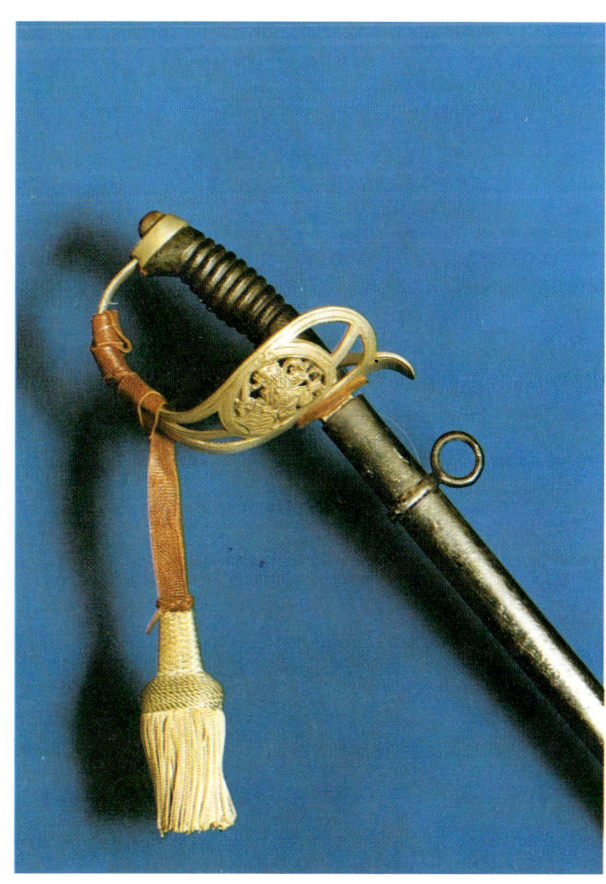

8. Chevaulegers-Regiment

I. Kgl. Bayerisches Armee-Korps	München;	Kd.Gen.: Gen. d. Inf. Ritter von Xylander
2. Division	Augsburg;	Gen.Lt. Frhr. v. Gebsattel
2. Kav.Brig.	Augsburg;	Gen.Maj. Schrott

Garnison: Dillingen/Donau
Kdr. des Regiments: Oberst Frhr. von u. zu Egloffstein

Stiftungstag des Regiments: 1. Oktober 1909

Errichtung

Durch das bayerische Verordnungsblatt Nr. 13 vom 15. April 1909 wurde die Errichtung des jüngsten Regiments der bayerischen Armee mit der Benennung
"8. Chevaulegers-Regiment"
zum 1. Oktober 1909 mit dem Standort Dillingen/Donau bestimmt.
Das neue Regiment wurde formiert aus
der 2. Eskadron 2. Chevaulegers-Regiment,
bisheriger Standort Dillingen,
der 5. Eskadron 4. Chevaulegers-Regiment,
bisheriger Standort Neu-Ulm,
der 2. Eskadron 5. Chevaulegers-Regiment,
bisheriger Standort Zweibrücken und einer aus allen sieben bayerischen Chevaulegers-Regimentern neu aufzustellenden 4. Eskadron.
Zum Kommandeur des Regiments wurde Major Frhr. von u. zu Egloffstein ernannt.
Am 1. Oktober 1913 erhielt das Regiment eine 5. Eskadron und rückte im gleichen Jahr in den neuen feldgrauen Uniformen ins Manöver.

Uniform

Waffenrock, wie Ulanka aus stahlgrünem Tuch, schwedische Aufschläge, Kragen, Aufschläge, Paradeabatte und Achselklappen weiß, Knöpfe weiß, Helm wie Schwere Reiter, Beschläge weiß, weißer Haarbusch, geweißte Koppel, stahlgrüne Reithose, lange Hose stahlgrün mit breiten Streifen in Abzeichenfarbe; Uffz.: Tressen silbern; Offz.: Epaulettenfelder in Abzeichenfarbe, Epaulettenmonde weiß; Landeskokarde: weiß-blau.

Weltkrieg 1914-1918

Am 6. August 1914 rückte das Regiment nach Westen ins Feld und wurde zunächst der 1. bayerischen Division als Divisions-Kavallerie zugeteilt. Damit gehörte es zur VI. Armee unter der Führung des Kronprinzen Ruprecht von Bayern.
Das Regiment wurde in Grenzschutzgefechten in Lothringen eingesetzt und nahm an der Schlacht in Lothringen vom 20. bis 22. August 1914 teil. Dann erfolgte die Verlegung nach Belgien an den rechten Heeresflügel, wo es im Bewegungskrieg, im Patrouillen- und Aufklärungsdienst, bis zur Erstarrung der Front Ende 1914 noch beritten verwendet wurde. Von nun an mußten alle Hoffnungen auf weitere reiterliche Betätigungen und Kampfeinsätze im Regimentsverband begraben werden. Das Regiment wurde als Divisions-Kavallerie rückwärtig im Sicherungs- und Wachdienst, teilweise auch im Grabenkrieg eingesetzt.
Ende 1915 wurde es geteilt und eskadronsweise auf andere Infanterie-Divisionen aufgeteilt. Insbesondere wurden nun rückwärtige Dienste versehen.
In der Schlacht bei Verdun von Mai bis Juli 1916 wurde das Leben mancher Chevaulegers als Meldereiter oder als Meldegänger gefordert.
Im Herbst 1916 wurden die Eskadrons wieder auf an-

Dienst-Waffenrock (Sergeant) — mit Winkerabzeichen und Fechtabzeichen

dere Infanterie-Divisionen verteilt. Der Regimentsverband wurde bis Ende des Krieges nicht wieder hergestellt.

So endet die Geschichte des 8. Chevaulegers-Regiments.

Die einzelnen Eskadrons bzw. die Reste davon kehrten nach Kriegsende in die Garnison zurück und wurden demobilisiert.

Am 17. Feburar 1919 erfolgte in Dillingen die Auflösung des Regiments.

Die Tradition des Regiments wurde später von der 3. Eskadron des Reiter-Regiments Nr. 17 in Ansbach übernommen.

Literatur   Das K.B. 8. Chevaulegers-Regiment, von Hunglinger, München, 1938

Hinweis   Das bayerische 8. Chevaulegers-Regiment hatte bereits einen Vorläufer im Jahre 1859. Aufgrund der Mobilmachung des deutschen Bundesheeres, dem Bayern Truppen zu stellen hatte, die mit Österreich 1859 gegen Frankreich ziehen sollten, ordnete König Maximilian II. von Bayern eine Truppenvermehrung an. Es wurden drei neue Kavallerie-Regimenter — darunter ein 8. Chevaulegers-Regiment — aufgestellt.
Der Frieden von Villfranca am 11. Juli 1859 beendete jedoch die bayerische Mobilmachung, und das Regiment wurde mit der Demobilisierung der bayerischen Armee wieder aufgelöst.

Die Sächsische Kavallerie

Die Geschichte der sächsischen Kavallerie ist völlig eingebettet in die der sächsischen Armee und muß mit der Geschichte Sachsens gemeinsam betrachtet werden.

Aufgrund seiner zentral-europäischen Lage stand Sachsen stets zwischen gegensätzlichen, politischen Machtbereichen und wurde, zum Teil unter äußerem Druck, in fast alle kriegerischen Verwicklungen in Europa mit stets wechselnden Verbündeten hineingezogen. Hierbei kam den regierenden Fürsten eine besondere Rolle zu, die mit ihrem Namen für die politischen Allianzen standen.

Im Königreich Sachsen herrschte das Fürstengeschlecht der Wettiner. Von der Saale stammend, erhielt der Markgraf von Meißen, der seine Besitzungen in Meißen und Thüringen hatte, im Jahre 1422 an der Elbe gelegene Besitzungen und die Kurwürde von Sachsen-Wittenberg. — Diese Linie war 1260 durch Aufteilung im Hause Askanien entstanden, hatte 1356 die Kurwürde erhalten und war wieder erloschen. — So begann 1422 die Regentschaft des Hauses der Wettiner.

Im Jahre 1485 teilte sich dieses Haus in eine Ernestinische und in eine Albertinische Linie, auf die 1547 auch die Kurwürde überging.

Die Ernestinische Linie erhielt Kursachsen und den größten Teil Thüringens. Sie mehrte ihre Besitzungen durch Ländereien erlöschender thüringischer Grafengeschlechter, zerfiel aber durch laufende Erbteilungen in eine Vielzahl von Kleinstaaten, u. a. in Sachsen-Weimar-Eisenach, in Sachsen-Meiningen, in Sachsen-Altenburg und in Sachsen-Coburg und Gotha. Die Albertinische Linie mit dem Kernland Meißen blieb davon weitgehend unberührt, erhielt im Jahre 1807 die Königswürde und regierte bis 1918 das Königreich Sachsen.

Kurfürst Johann Georg III. (1680-1691) war Begründer eines stehenden Heeres in Sachsen. Er errichtete u. a. 1680 das "Regiment zu Roß Graf v. Promnitz", das als Stammtruppe der sächsischen Kavallerie angesehen werden kann. Im Jahre 1683 kämpfte Sachsen mit 11.000 Mann in der Reichsarmee gegen die Türken vor Wien.

Kurfürst Friedrich August I., der Starke (1694-1733), ab 1697 auch August II., König von Polen, wurde als solcher in jahrelange Kämpfe gegen Karl XII. von Schweden verwickelt. Im Spanischen Erbfolgekrieg (1701-1714) stellte er Truppen für die Reichsarmee. Sein Sohn, Kurfürst Friedrich August II. (1733-1763), August III. von Polen, stand im 1. Schlesischen Krieg 1741/42 auf preußischer Seite und focht im 2. Schlesischen Krieg 1744/45 auf Seiten Österreichs gegen Preußen. Im 3. Schlesischen — Siebenjährigen — Krieg wurde die sächsisch-kurfürstliche Armee, die stets überwiegend aus Landeskindern bestand, 1756 bei Pirna eingeschlossen und mußte vor den Preußen kapitulieren.

Kurfürst Friedrich August III., der Gerechte (1763-1827), reorganisierte 1763 seine Armee, trat 1795 dem von König Friedrich II. von Preußen gestifteten Fürstenbund bei und kämpfte mit den Preußen am 14. Oktober 1806 bei Jena gegen Frankreich.

Am 11. Dezember 1806 schlossen Frankreich und Sachsen Frieden in Posen, Sachsen trat dem Rheinbund bei und wurde 1807 durch Napoleon I. zum Königreich erhoben. Der Kurfürst nahm als Friedrich August I. die Königswürde an. Von nun an stellte Sachsen Hilfstruppen für die französische Armee und erbrachte, wie die anderen, zum Rheinbund übergetretenen süddeutschen Staaten, einen hohen Blutzoll.

Später nicht mehr bestehende sächsische Kavallerie-Regimenter, wie das Gardes du Corps und die Zastrow-Kürassiere, hatten im Rußlandfeldzug von 1812 an der für Napoleon I. siegreichen Schlacht bei Borodino am 7. September 1812 glänzenden Anteil und machten damit Reitergeschichte.

In der Völkerschlacht bei Leipzig (16. bis 19. Oktober 1813) trat König Friedrich August I. zu den Verbündeten — Österreich, Preußen und Rußland — über, galt zunächst als Kriegsgefangener und stellte dann nach Auflösung des Rheinbundes Hilfstruppen für die preußische Armee des GFM Blücher gegen Napoleon I.

Auf dem Wiener Kongreß 1815 wurde Sachsen geteilt. Die nördliche Landeshälfte fiel an Preußen. Dort beheimatete Soldaten mußten zu preußischen Regimentern übertreten. Dieses führte in der Armee Blücher im Mai 1815 bei Lüttich zu einer Revolte bei den sächsischen Truppen.

Im Jahre 1850 wurde die sächsische Armee von 12.000 auf 28.000 Mann vermehrt.

Im Feldzug 1866 Preußen gegen Österreich kämpfte Sachsen mit den süddeutschen Staaten in der Bundes-Armee gegen Preußen und wurde am 3. Juli 1866 in die kriegerische Niederlage Österreichs bei Königgrätz hineingezogen.

Nach dem Beitritt zum Norddeutschen Bund im Jahre 1867 und dem Abschluß von Militärkonventionen mit Preußen wurde Sachsen 1871 Glied des Deutschen Reiches.

Die sächsische Armee bildete innerhalb des Deutschen Heeres das XII. (Kgl. Sächsische) Armee-Korps in Dresden.
— Die Regimenter numerierten im preußischen Heere. — Im Jahre 1899 wurde ein zweites, das XIX. (2. Kgl.
Sächsische) Armee-Korps, in Leipzig aufgestellt.

Die Uniformen der sächsischen Kavallerie waren denen der preußischen Kavallerie angeglichen, jedoch war die
Grundfarbe bei allen sächsischen Regimentern — außer Husaren-Regiment Nr. 20 — kornblumblau.

Eine Besonderheit war, die sächsische Kavallerie führte keine Standarten. Sie trug ab 1890 Stahlrohrlanzen mit
Lanzenflagge weiß-grün für Mannschaften und weiß mit Landeswappen für Unteroffiziere.

Der letzte sächsische Regent, der sehr volkstümliche König Friedrich August III., verzichtete am 13. November
1918 auf den Thron.

Im Jahre 1919 wurde die Kgl. Sächsische Armee nach dem Gesetz vom 6. März 1919 auf Anordnung der Siegermächte des Ersten Weltkrieges von 1914 bis 1918 aufgelöst.

Die Sächsischen Kavallerie-Regimenter 1913/1914

* * *

Ursprung, Aufgaben

Garde-Reiter

Garde, vom französischen garde = "Wache", war eine durch besondere Uniform gekennzeichnete Elitetruppe, die in der Regel in den Residenzstädten stand und in Friedenszeiten den Ehren- und Sicherheitsdienst zu versehen hatte.
So auch die sächsischen Garde-Reiter, das älteste Kavallerie-Regiment der sächsischen Armee, wegen ausgesucht großer Leute auf starken Pferden ein schweres Regiment, versahen Wache und Schutz in der Residenz Dresden und waren bei allen festlichen, ernsten und hohen kirchlichen Anlässen bei Hofe eingesetzt.

Karabiniere

Der Name "Carabiniers" kommt in der sächsischen Kavallerie zuerst Anfang des 18. Jahrhunderts vor und wird vom arabischen oder maurischen "karab" = Feuerwaffe hergeleitet. Es war ein kurzes, leichtes Gewehr, mit dem die Reiter ausgerüstet waren.
Der Name hatte mit dem bestehenden sächsischen Karabinier-Regiment keinen inneren Zusammenhang mehr und wurde nur traditionshalber verwendet. Die Karabiniers besaßen zeitweise Garde-Zugehörigkeit. Als schweres Reiter-Regiment hatten sie die Aufgabe gehabt, in geschlossenem Angriff schlachtentscheidend in den Kampf einzugreifen.

Husaren

Die Husarentruppe war das auf leichten und schnellen Pferden berittene "Auge der Armee". Aus Südosteuropa stammend, mußte der Husar, bedeutend "Herumtreiber", alles leisten, was Schnelligkeit, Gewandtheit, Ausdauer und Tollkühnheit vermochten. Wo Mut und Geistesgegenwart nicht ausreichten, mußten Keckheit und List helfen.
Die ersten Husaren-Regimenter wurden Ende des 17. Jahrhunderts aufgestellt, und bald gab es diese leichte Truppe in allen Armeen.
Die Uniformen behielten immer den ungarischen Schnitt.
Die Husaren waren eine äußerst beliebte Truppe.

Ulanen

Ulanen, aus dem turkmenischen = "junger Mann", waren zuerst Leibwachen tartarischer Fürsten im 15. Jahrhundert.
Anfang des 18. Jahrhunderts stellte August II., der Starke, König von Polen, erste Ulanen-Regimenter auf. Ulanen waren von Anfang an Lanzen-Reiter.
Ab 1818 wurden sie zur schweren Kavallerie umformiert und als Schlachten-Kavallerie eingesetzt.
Die Uniformen der Ulanen waren mit Helm "Tschapka" und dem Waffenrock "Ulanka" immer nach polnischem Vorbild gestaltet.

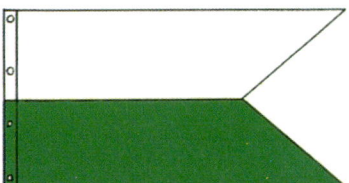 

Garde-Reiter-Regiment
(1. schweres Regiment)

XII. (I. Kgl.Sächsisches) Armee-Korps	Dresden;	Kd.Gen.: Gen. d. Inf. d'Elsa
23. Division (1. Sächs.)	Dresden;	Gen.Lt. Frhr. v. Lindemann
23. Kav.Brig. (1. Sächs.)	Dresden;	Oberst v. der Decken
Garnison:		Dresden
Chef des Regiments:		S.M. König Friedrich August III. von Sachsen
Kdr. des Regiments:		Oberstlt. Frhr. v. Friesen

Stiftungstag des Regiments: 31. Oktober 1680

Errichtung

Das Regiment wurde im Jahre 1680 mit der Benennung

"Regiment zu Roß Graf v. Promnitz"

errichtet. Es war das älteste Kavallerie-Regiment der sächsischen Armee, gleichzeitig auch eines der ältesten der deutschen Armee im Jahre 1913/14.

Im Laufe seines fast zweihundertvierzigjährigen Bestehens wechselte es mehrfach seine Regimentsbezeichnung: 1695 in Kürassier-Regiment, 1735 in Kürassier-Leib-Regiment, 1763 in Leib-Kürassier-Regiment, 1764 in Kurfürst-Kürassier-Regiment, 1784 in Kürassier-Regiment Kurfürst, 1800 in Kurfürst-Kürassiere, 1806 in Regiment König-Kürassiere, 1807 in Leib-Kürassier-Garde, 1822 in Garde-Reiter-Regiment und letztlich 1876 in Garde-Reiter-Regiment (1. schweres Regiment).

Kurfürst Friedrich August II. von Sachsen, August III. König von Polen, war im Jahre 1735 als erster Landesherr Chef des Regiments. Nach ihm wurde es 1764 Kurfürst Friedrich August III., der Gerechte. Ab 1. Januar 1807, nachdem Sachsen Königreich geworden

war, folgten nun die königlichen Landesherren als Chefs des Regiments, und zwar: König Friedrich August I., 1827 König Anton, 1836 König Friedrich August II., 1854 König Johann, 1873 König Albert, 1902 König Georg und ab 1904 bis zu seinem Thronverzicht 1918 König Friedrich August III. von Sachsen.

Das Regiment, das von seiner Errichtung an in der Residenz Dresden in Garnison stand, hatte als Garde-Regiment stets Wache und Schutz des königlichen Schlosses zu übernehmen und wurde bei allen Hoffestlichkeiten des Königshauses eingesetzt.

Die Uniform des Regiments glich der der preußischen Garde-Kürassiere. Beim Wachdienst zu Fuß, auf der sogenannten "Herrenwache", wurden Stulpenhandschuhe getragen. Im Jahre 1907 wurde anstelle des bisherigen weißen Haarbusches zur Parade ein silberner Löwe auf den Helm geschraubt. So zeigten die sächsischen Garde-Reiter im Hofdienst ein ähnliches Bild wie das preußische Regiment der Gardes du Corps in Potsdam bzw. in Berlin.

Das Regiment ritt hellbraune Pferde.

Waffenrock — Koller — (Unteroffizier) — mit Fechtabzeichen

Aus den Feldzügen

Das älteste Kavallerie-Regiment der sächsischen Armee befand sich in seiner langen und wechselvollen Geschichte auf allen wichtigen Kriegsschauplätzen in Europa und nahm an zahlreichen Schlachten und Gefechten mit oft wechselnden Verbündeten teil. Der erste Einsatz des Regiments erfolgte 1683 gegen die Türken vor Wien. Dann kämpfte es gegen Frankreich, im Spanischen Erbfolgekrieg und in Polen.

Im 1. Schlesischen Krieg von 1741/42 stand und focht das Regiment auf preußischer Seite gegen Österreich. Im 2. Schlesischen Krieg von 1744/45 focht das Regiment mit Österreich gegen Preußen und geriet in die Niederlagen von Hohenfriedeberg und Kesselsdorf. Auch im 3. Schlesischen — dem Siebenjährigen — Krieg von 1756-1763 stand das Regiment aufgrund der preußenfeindlichen Politik des Staatsministers Graf Brühl ebenfalls auf der Seite Österreichs gegen Preußen. Die kurfürstlich sächsische Armee wurde 1756 bei Pirna eingeschlossen und mußte vor Preußen kapitulieren. Die Reiter wechselten teils zu preußischen und teils zu österreichischen Kavallerie-Regimentern über.

Im Jahre 1806 kämpfte das wieder neu aufgestellte Regiment zunächst mit Preußen gegen Frankreich bei Jena. Dann, nach dem Beitritt zum Rheinbund, standen die Köngis-Kürassiere unter Napoleon I. gegen Österreich und nahmen an der Schlacht bei Wagram (5. und 6. Juli 1809) teil, durch die Österreich den Feldzug verlor.

Im Jahre 1812 blieb das Regiment als Leibwache des Königs in der Residenz und wurde so vor der Vernichtung im Feldzug Napoleons I. gegen Rußland verschont.

Im Jahre 1813 kämpfte es wieder mit Frankreich gegen die Verbündeten — Österreich, Preußen und Rußland — vor Bautzen und Dresden. In der Völkerschlacht bei Leipzig begab sich der König am 19. Oktober 1813 in die Gefangenschaft der Verbündeten und löste Sachsen so vom Rheinbund.

In den Jahren 1814/15 stand das Regiment dann unter Feldmarschall Blücher gegen Frankreich.

Nach der Teilung Sachsens auf dem Wiener-Kongreß am 2. Mai 1815 wurde ein Teil des Regiments in preußische Dienste eingegliedert und kam zum "12. Husaren-Regiment", dem späteren "Thüringischen Husaren-Regiment Nr. 12".

Im Feldzug 1866 Preußen gegen Österreich stand das Regiment gegen Preußen, im Feldzug 1870/71 dann auf Seiten aller deutschen Staaten gegen Frankreich.

Uniform

Kornblumblauer Koller, schwedische Aufschläge, Abzeichenfarbe weiß, Kollerborte weiß, Vorstöße und Streifen kornblumblau, Knöpfe gelb, Achselschuppen Messing mit Krone, Achselklappen Namenszug mit Krone, Helm: wie preußische Garde-Kürassiere mit Stern, zur Parade silberner Löwe; Uffz.: goldene Tressen; Offz.: Epauletten und Knöpfe vergoldet, Achselstücke Namenszug FR mit Krone; Landeskokarde: weiß-grün.

Weltkrieg 1914-1918

Nach der Mobilmachung im August 1914 wurde das Regiment mit den sächsischen Kavallerie-Brigaden Nr. 23 und Nr. 40 und der preußischen Kavallerie-Brigade Nr. 38 (Jäger-Regiment zu Pferde Nr. 2 und Jäger-Regiment zu Pferde Nr. 6) der 8. Kavallerie-Division zugeteilt und zunächst beim Grenzschutz in Lothringen verwendet. Im September 1914 wurde es an die Ostfront verlegt und von der Schlacht an den Masurischen Seen (9. bis 15. September 1914) bis hin zur Beresina 1918 nur im Osten vorwiegend kavalleristisch eingesetzt.

Im Januar 1919 kehrte das Regiment in die Heimat zurück und wurde am 31. März 1919 aufgelöst.

Die Tradition des Regiments wurde später von der 6. Eskadron des Reiter-Regiments Nr. 12 in Dresden weitergeführt.

Literatur

Stammliste des Kgl. Sächs. Garde-Reiter-Rgts. 1680-1905 von v. Hinüber, Berlin 1907

Ehrentafel und Stammliste des Kgl. Sächs. Garde-Reiter-Rgts. 1906-1919 von v. Hinüber, Hannover 1926

Die Kgl. Sächs. Kavallerie, Deutsches Soldaten-Jahrbuch 1984, E. Sachße, München 1984

Karabinier-Regiment
(2. schweres Regiment)

XIX. (II. Kgl. Sächsiches) Armee-Korps	Leipzig;	Kd. Gen.: Gen. d. Art. Graf v. Kirchbach
40. Division (4. Sächs.)	Chemnitz;	Gen. d. Kav. v. Laffert
40. Kav. Brig. (4. Sächs.)	Chemnitz;	Oberst Frhr. v. Luttitz

Garnison:	Borna (Bez. Leipzig)
Chef des Regiments:	Gen. d. Inf. Großh. Wilhelm Ernst von Sachsen-Weimar-Eisenach, K.H.
Kdr. des Regiments:	Major Jahn m.d.F.b.

Stiftungstag des Regiments: 1. November 1849

Errichtung

Die Stammtruppe dieses Regiments, das den Namen "Carabiniers" zuerst in der sächsischen Kavallerie führte, war ein unter Kurfürst Friedrich August I., König August II. von Polen (1694-1733), im Jahre 1704 formiertes Korps der Leibgarde.

Im Jahr 1730 wurde das Baudissinsche Dragoner-Regiment, das bis dahin in Polen zur dortigen Leibgarde des Königs gehört hatte, mit dem Rang eines Garde-Regiments in ein Carabinier-Regiment umgewandelt. Es erhielt die Bezeichnung

"Garde-Carabiniers-Regiment".

Als Standort bekam es Zeitz zugewiesen. Später wechselten die Garnisonen häufig.

Im Jahre 1764 verlor das Regiment den Charakter eines Garde-Regiments und führte wieder den Namen Carabinier-Regiment.

Eine Neuformierung der Armee im Jahre 1778 vermehrte die Personalstärke des Regiments erheblich.

Im Jahre 1810 wurde das Regiment aufgelöst.

Am 7. Juli 1849 erschien eine Verordnung des sächsischen Kriegsministers von Rabenhorst, wonach die sächsische Armee auf 25.000 Kombattanten zu verstärken sei. Die Verordnung löste eine Heeresvermehrung und eine Neuorganisation aus.

Am 1. November 1849 wurde das "3. Reiter-Regiment" mit den Garnisonen Borna (Stab), Pegau und Geithain formiert und Oberst v. Radke zum ersten Kommandanten ernannt.

Im Jahre 1850 brach in Pegau eine Cholera-Epidemie aus, die zahlreiche Opfer aus den Reihen der Garnison forderte.

1867 wurde die sächsische Armee nach preußischem Vorbild ausgerichtet. Das "3. Reiter-Regiment" wurde zu einem schweren Regiment umgestaltet. Das Jahr 1876 brachte wieder eine Umorganisation der sächsischen Kavallerie: Das 1. und 2. Reiter-Regiment wurden Husaren-Regimenter, das 3. Reiter-Regiment, in Erinnerung an das 1810 aufgelöste Regiment, wurde in "Karabinier-Regiment (2. schweres Regiment)" umbenannt.

Garnisonen des Regiments blieben Borna und Pegau.

Aus den Feldzügen

Unter der Regierung von Kurfürst Friedrich August II., König August III. von Polen (1733-1763), nahm das Stammregiment von 1733-1735 an Kämpfen in Polen, am 1. Schlesischen Krieg 1741/42 auf preußischer Seite und am 2. Schlesischen Krieg 1744/45 auf Seiten Österreichs teil. Im 3. Schlesischen Krieg stieß das Regiment nach der Kapitulation der kurfürstlich sächsischen Armee bei Pirna 1756 von Polen aus zur österreichischen Armee und focht mit dieser im gesamten Feldzug bis 1763. Danach wurde es wieder der Armee des Kurfürsten von Sachsen überstellt.

leichter Reitrock (Rittmeister)

In den Jahren 1778/79 nahm das Regiment am Bayerischen Erbfolgekrieg und 1793-1797 an den Reichskriegen gegen Frankreich teil.

Im Feldzug 1806 gegen Frankreich kämpfte das Regiment am 14. Oktober bei Jena und geriet in die Niederlage der preußischen Armee.

Nach dem Frieden von Posen am 11. Dezember 1806 zwischen Sachsen und Frankreich kämpfte es in den Napoleonischen Kriegen im sächsischen Kontingent für Frankreich, so zeichnete es sich durch eine glänzende Attacke bei Wagram (5. und 6. Juli 1809) gegen Österreich aus.

Im Jahre 1810 wurde das Regiment aufgelöst.

Für das im Jahre 1849 neu gegründete "3. Reiter-Regiment" brachte der Feldzug Preußen gegen Österreich von 1866 den ersten Kampfeinsatz in der sächsischen Armee, die zur Bundesarmee gehörte und gegen Preußen stand. Es nahm an der Schlacht bei Königgrätz am 3. Juli 1866 teil.

Im Feldzug gegen Frankreich 1870/71 stand Sachsen als Mitglied des Norddeutschen Bundes mit allen anderen deutschen Staaten auf der Seite Preußens und nahm an den kriegerischen Auseinandersetzungen teil. Mit dem 2. Ulanen-Regiment bildete das Regiment die Kavallerie-Brigade Nr. 24 in der 12. Kavallerie-Division, die zur II. Armee gehörte.

Das Regiment wurde vor Metz und bei Sedan eingesetzt, ohne jedoch an der Schlacht am 1. September 1870 teilzunehmen. Anschließend wurde es dem Belagerungsring vor Paris zugeteilt.

Nach Abschluß des Waffenstillstandes am 31. Januar 1871 verblieb das Regiment als Okkupationstruppe in Frankreich, kehrte erst im Juli 1871 in die Heimat zurück und wurde in den Garnisonen Borna und Pegau von der Bevölkerung herzlich empfangen.

Uniform   Kornblumblauer Koller, schwedische Aufschläge, Abzeichenfarbe schwarz, Kollerborte mit schwarzen Streifen, Knöpfe gelb, Achselschuppen Messing, Helm: wie preußische Kürassiere mit Stern, zur Parade weißer Haarbusch; Uffz.: goldene Tressen; Offz.: Epauletten und Knöpfe vergoldet; Landeskokarde: weiß-grün.

Weltkrieg 1914-1918

Das Regiment nahm bis Anfang 1918 an allen Kriegsereignissen gemeinsam mit dem Schwester-Regiment, dem 3. Ulanen-Regiment Nr. 21, in der 40. Kavallerie-Brigade (4. Kgl. Sächs.) teil.

Es schied dann aus der 8. Kavallerie-Division im Osten aus, marschierte nach Dünaburg zurück, um gemeinsam mit der 2. preuß. Garde-Kavallerie-Brigade in der "Ostsee-Division" auf Ansuchen von General Frhr.

von Mannerheim von April bis November 1918 in Finnland gegen finnische Rotarmisten eingesetzt zu werden.

Im Dezember 1918 kehrte das Regiment in die Heimat zurück und wurde aufgelöst.

Die Tradition des Regiments wurde später von der 1. Eskadron des Reiter-Regiments Nr. 12 in Grimma weitergeführt.

Literatur   Geschichte des Kgl. Sächs. Carabinier-Regiments vormaligen 3. Reiter-Regiments von Jahn, Berlin 1899

Das 3. Kgl. Sächs. Ulanen-Rgt. Nr. 21 "Kaiser Wilhelm II., König von Preußen" von Simon-Eberhard, Dresden 1923

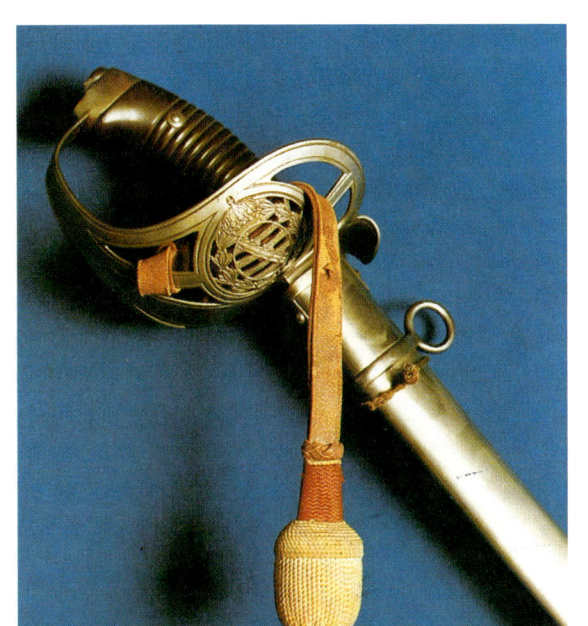 

1. Husaren-Regiment
König Albert Nr. 18

XII. (I. Kgl. Sächs.) Armee-Korps	Dresden;	Kd.Gen.: Gen. d. Inf. d'Elsa
32. Division (3. Sächs.)	Dresden;	Gen.Lt. Edler v. d. Planitz
32. Kav.Brig. (3. Sächs.)	Dresden;	Oberst Graf Vitzthum v. Eckstädt

Garnison:	Großenhain
Chef des Regiments:	S.M. König Friedrich August III. von Sachsen
Kdr. des Regiments:	Major Platzmann

Stiftungstag des Regiments: 10. Juni 1734

Errichtung

Kurfürst Friedrich August II. von Sachsen, einziger Sohn Augusts II., des Starken, wurde am 5. Oktober 1733 als August III. zum König von Polen gewählt und gleich seinem Vater bald in heftige Kämpfe mit den Anhängern Stanislaus Leszinskys verwickelt, welcher als Gegenkönig auftrat. Es begann für August III. ein Kleinkrieg mit großen Schwierigkeiten, weil der Gegner nicht im offenen Felde, sondern vorwiegend in den unzugänglichen Wäldern Polens kämpfte, wo die Schlupfwinkel der Anhänger Leszinskys schwer auszumachen waren.

Dieser Kleinkrieg trug dazu bei, daß die sächsische Armee leichte Kavallerie benötigte, um den Anforderungen im polnischen Gebiet gerecht zu werden.

Durch Order vom 14. April 1734 bestimmte August III. die Formation einer aus lauter Jägern bestehenden

> "Compagnie Frey-Schützen",

die dann in ein "Corps Chevaulegers" aufging.

Die fortgesetzten Unruhen in Polen erforderten die Vermehrung der leichten Reiterei, und so sollte das Korps durch Kgl. Order vom 10. Juni 1734 auf den Etat eines ganzen Regiments gesetzt werden, was am 26. Oktober 1734 geschah. Das Regiment erhielt nach seinem Chef den Namen

> "Chevaulegers-Regiment Prinz Karl".

Zum ersten Kommandeur des Regiments wurde Obrist v. Milckau ernannt. Es genoß den Vorzug, gleich den Garden, dem unmittelbaren Befehl des Königs unterstellt zu sein. Es garnisonierte in Neustadt

bei Dresden und stand in den Jahren 1735 bis 1738 in Polen in Garnison.

Im Jahre 1739 wurde die Regimentswirtschaft, wie sie bei den anderen Regimentern geübt wurde, auf eine Kompaniewirtschaft umgestellt.

Im Jahre 1746 stand das Regiment zunächst wieder in Sachsen bei Chemnitz und wurde dann nach Krakau verlegt.

1758 erhielt es den Namen

> "Herzog Kurland Chevaulegers",

nachdem Prinz Karl Herzog von Kurland geworden war.

Am 5. Oktober 1763 verstarb August III. Da ein neuer Fürst aus dem Hause Sachsen nicht mehr zum König von Polen gewählt wurde, verließ das Regiment Polen und wurde 1764 nach Görlitz verlegt.

Im Jahre 1796 erhielt das Regiment nach dem Tode des Prinzen Karl einen neuen Chef und damit die Bezeichnung

> "Chevaulegers-Regiment von Dohn-Rothfelser".

Es stand nun in der Umgebung von Grimma.

Am 23. August 1799 wechselte der Chef wiederum, und das Regiment wurde in

> "Prinz Clemens-Chevaulegers"

umbenannt.

Am 11. Dezember 1806 schlossen Frankreich und Sachsen in Posen Frieden. Sachsen trat dem Rheinbund bei und verpflichtete sich, Napoleon I. ein Kontingent von 20.000 Mann zu stellen. Am 20. Dezember 1806 legte sich der Kurfürst den Titel eines Königs — Friedrich August I. — von Sachsen zu. Sachsen war damit Königreich geworden.

Attila (Gefreiter)

Im Jahre 1811 erhielt das Regiment Lanzen und wurde in das
"Ulanen-Regiment Prinz Clemens"
umformiert.

Nach den Beschlüssen des Wiener-Kongresses 1815 wurde Sachsen geteilt. Die nördliche Hälfte kam zu Preußen. Die dort gebürtigen sächsischen Ulanen des Regiments wurden dem preußischen Husaren-Regiment Nr. 12 überstellt.

Am 19. Dezember 1822 wurde das Regiment in
"1. leichtes Reiter-Regiment Prinz Clemens"
umbenannt.

In den Jahren 1830 bis 1847 wurden Teile des Regiments bei Unruhen in verschiedenen sächsischen Landesteilen zur Wiederherstellung der Ordnung eingesetzt.

Im Jahre 1831 erhielt das Regiment den neugeborenen Prinzen Ernst zum Chef und somit die Benennung
"1. leichtes Reiter-Regiment Prinz Ernst".
Der Regimentsstab wurde nach Freiberg verlegt.

Die Jahre 1848 und 1849 brachten ernste Unruhen. Das Regiment wurde in Dresden und anderen Orten eingesetzt. Es kam zu Kampfhandlungen mit Insurgenten und Freischärlern.

Am 18. Juni 1857, dem 100jährigen Gedenktag der Schlacht bei Kollin, ernannte König Johann den Kronprinzen Albert zum Chef des Regiments, das nun
"1. Reiter-Regiment Kronprinz"
hieß.

Im Juni 1867 wurde das Regiment nach Großenhain verlegt.

Im Jahre 1873 bestieg Kronprinz Albert den Thron, das Regiment wurde in
"1. sächs. Reiter-Regiment"
umbenannt.

Das Jahr 1876 brachte eine wichtige Veränderung, beide sächsischen leichten Reiter-Regimenter wurden in Husaren-Regimenter umgewandelt. Die 1. sächs. Reiter wurden das
"1. Kgl. Sächs. Husaren-Regiment Nr. 18"
mit preußischer Numerierung.

Im Juli 1891 ernannte König Albert sich selbst zum Chef des Regiments, und es hieß nun
"Kgl. Sächs. 1. Königs-Husaren-Regiment Nr. 18".
Nach dem Tode König Alberts im Jahre 1902 wurde das Regiment in
"Kgl. Sächs. 1. Husaren-Regiment König Albert Nr. 18"
und schließlich in
"1. Husaren-Regiment König Albert Nr. 18"
umbenannt.

Aus den Feldzügen

Das "Chevaulegers-Regiment Prinz Karl" scheint bereits Anfang 1735 in Polen eingesetzt gewesen zu sein. Inwieweit es an Gefechten beteiligt war, ist nicht mehr festzustellen.

Im 1. Schlesischen Krieg 1741/42 schloß Sachsen ein Bündnis mit Preußen, worin es sich zur aktiven Beteiligung gegen Österreich verpflichtete. Das Regiment wurde Anfang 1742 nach Böhmen beordert, aber nicht in kriegerische Ereignisse einbezogen. Im Jahre 1743 befand sich das Regiment in Lithauen. Am 20. Dezember 1743 schlossen Sachsen und Österreich ein Schutzbündnis ab, aufgrund dessen Sachsen dann im 2. Schlesischen Krieg 1744/45 auf Seiten Österreichs gegen Preußen stand. In der Schlacht bei Kesselsdorf am 15. Dezember 1745 wurde Sachsen von Preußen vernichtend geschlagen. Im Januar 1746 traten die sächsischen Truppen den Rückmarsch in die Heimat an. Im 3. Schlesischen Krieg 1756/63 stand Sachsen wiederum an der Seite Österreichs, das in einer Koalition mit Rußland und Frankreich gegen Preußen verbündet war. Am 16. Oktober 1756 mußte die sächsische Armee vor Friedrich II. von Preußen bei Pirna kapitulieren. Teile der sächsischen Armee wurden kriegsgefangen. Die restliche Armee hörte auf zu bestehen. August III. nahm seinen Aufenthalt in Warschau.

Das Regiment Prinz Karl Chevaulegers, das mit drei anderen sächsischen Kavallerie-Regimentern in Polen gestanden hatte, war in die Kapitulation nicht einbezogen worden, entging deshalb der Auflösung der Armee und wurde mit den anderen Regimentern — Karabiniers, Prinz Albrecht Chevaulegers und Graf Brühl-Chevaulegers — nach Böhmen zur österreichischen Armee Daun in Marsch gesetzt, um an weiteren kriegerischen Ereignissen gegen Preußen teilzunehmen. An der für Preußen verhängnisvollen Schlacht bei Kollin am 18. Juni 1757 hatte das Regiment großen Anteil auf der kaiserlichen Seite. Nach Beendigung des Krieges trat das Regiment wieder zur sächsischen Armee.

Im Bayerischen Erbfolgekrieg 1778-1779 hatte das Regiment wenig Gefechtsberührung.

In den Jahren 1794-1796 nahm es innerhalb des sächsischen Kontingents am 1. Koalitionskrieg gegen Frankreich teil.

Im Feldzug 1806 gegen Frankreich stand Sachsen aufgrund eines Allianzvertrages auf Seiten Preußens gegen Napoleon I. In der Schlacht bei Jena am 14. Oktober 1806, in der die preußische Armee vernichtet wurde, wurden auch die Prinz Clemens-Chevaulegers stark dezimiert.

Im Jahre 1809 stellte Sachsen, in Erfüllung seiner Verpflichtungen dem Rheinbund gegenüber, 14.000 Mann für Frankreich gegen Österreich und Tirol. Das Regiment focht am 5. und 6. Juli 1809 siegreich in der Schlacht bei Wagram.

Im Feldzug gegen Rußland von 1812 wurde das Regiment wieder zur französischen Armee beordert und nahm auf dem äußersten rechten Flügel am Einmarsch in Polen teil. Bei Kobryn wurde es von den Russen vernichtend geschlagen. Die sächsischen Kriegsgefangenen kehrten erst im Jahre 1814 in die Heimat zurück.

In der Völkerschlacht bei Leipzig trat das Regiment am 17. Oktober 1813 zu den verbündeten Truppen — Österreich, Preußen und Rußland — über. Diesem Schritt schlossen sich fast sämtliche sächsische Truppenteile an. Der König wurde als Kriegsgefangener nach Berlin gebracht.

An den weiteren Feldzügen gegen Frankreich 1814/15 nahm das Regiment in der preußischen Armee des GFM Blücher teil.

Im Feldzug gegen Dänemark 1864 wurde das Regiment innerhalb des sächsischen Bundes-Kontingents in Schleswig-Hostein im Feldwachdienst eingesetzt.

Im Feldzug Preußen gegen Österreich 1866 standen die sächsischen Truppen mit den süddeutschen Staaten gegen Preußen. In der Schlacht bei Königgrätz am 3. Juli 1866 geriet das Regiment in die österreichische Niederlage.

Am 21. Oktober 1866 wurde in Berlin der Frieden mit Sachsen geschlossen. Der "Norddeutsche Bund" wurde unter Führung Preußens gegründet, und die süddeutschen Staaten und Sachsen traten dem Bund bei. Das Regiment gehörte nun zum XII. (Kgl. Sächsischen) Armee-Korps mit der Numerierung der Bundes-Armee.

Im Feldzug gegen Frankreich 1870/71 rückte es nach Westen aus und wurde der II. Armee des Prinzen Friedrich Karl von Preußen unterstellt. Das Regiment nahm an einer Anzahl von Kampfhandlungen teil, so bei St. Privat am 18.August 1870 und bei Sedan am 1. September 1870. Dann wurde es zum Einschließungsring vor Paris verlegt. Nach Beendigung des Feldzuges verblieb es zunächst in Frankreich, begann dann am 1. Juni 1871 den Rückmarsch in die Heimat und zog am 12. Juli 1871 in das festlich geschmückte Großenhain ein.

Uniform

Attila kornblumblau, zitronengelbe Schnüre, Kolpak ponceaurot, Reithosen kornblumblau mit gelber Borte, Pelzmütze: Stern und Wappenschild; Offz.: Namenszug AR mit Krone auf Achselstücken; Feldzeichen: weiß-grün.

Dienst-Attila (Rittmeister)

Weltkrieg 1914-1918

Nach der Mobilmachung Anfang August 1914 kam das Regiment zum Aufgebot des XII. Armee-Korps für die Westfront, wurde der III. Armee des Gen.Oberst Frhr. v. Hausen unterstellt und Mitte August im Raume Prüm an der belgisch-luxemburgischen Grenze versammelt.

Am 13. August 1914 begann der Vormarsch nach Belgien bis zur Maas. Hier hatte das Regiment erste Gefechtsberührung mit regulären feindlichen Truppen bei Dinant. Es ging weiter über die französische Grenze bis an die Aisne und zur Marne, wo das Regiment bis zum Rückzugsbefehl am 9. September 1914 eingesetzt war.

Das XII. Armee-Korps wurde nun an die Aisne westlich Reims zurückgenommen, und die König Albert Husaren verblieben hier bis Herbst 1915. Sie versahen rückwärtige Dienste verschiedenster Art, wurden infanteristisch ausgebildet und auch im Schützengraben eingesetzt. Im Oktober 1915 wurde das Regiment an die Ostfront nach Polen verlegt und im Gendarmeriedienst im besetzten Gebiet bis Juni 1916 verwendet. Dann wurde es bis Ende August 1916 zum Stellungskrieg am Stochod eingesetzt.

Im Herbst 1916 wurde das Regiment, wieder beritten, zum Feldzug gegen Rumänien befohlen und nahm an der Eroberung der Walachei teil.

Ab Februar 1917 wurde der Regiments-Verband durch Abberufungen der einzelnen Eskadrons an verschiedene Infanterie-Divisionen aufgelöst.

Die 1. Eskadron verblieb auf dem Balkan, versah Gendarmeriedienste, wurde zur Ehrenwache des GFM v. Mackensen in Bukarest und zur Überwachung des Verkehrs über die Donau abkommandiert. Bis Ende 1918 erfüllte die Eskadron Kommandanturdienste in Rumänien.

Die 2. Eskadron wurde mit der 241. Infanterie-Division im Februar 1918 an die Westfront verlegt und kämpfte dort bis Kriegsende.

Die 4. Eskadron kam mit der 96. Infantrie-Division im April 1918 nach Lothringen und verbrachte die letzten Kriegsmonate in ruhiger Tätigkeit.

Die 5. Eskadron wurde zur Sicherung des südrussischen Raumes in Taurien eingesetzt.

Ende 1918 kehrten die Eskadrons einzeln nach Großenhain zurück und wurden mit Glockengeläut empfangen.

Anfang 1919 wurde das Regiment aufgelöst.

Die Tradition des Regiments wurde später von der 2. Eskadron des Reiter-Regiments Nr. 12 in Großenhain übernommen.

Literatur   Geschichte des Kgl. Sächs. Königs-Husaren-Regiments Nr. 18 von ehem. Regiments-Angehörigen, Großenhain und Leipzig 1901

König Albert Husaren im Weltkrieg von Baumgartner-Crusius, Dresden 1926

2. Husaren-Regiment Nr. 19

XIX. (II. Kgl. Sächs.) Armee-Korps	Leipzig;	Kd.Gen.: Gen. d. Art. Graf v. Kirchbach
24. Division (2. Sächs.)	Leipzig;	Gen.Lt. Krug v. Nidda
24. Kav.Brig. (2. Sächs.)	Leipzig;	Gen.Maj. Graf v. d. Schulenburg-Hehlen

Garnison:	Grimma
Kdr. des Regiments:	Oberstlt. Bobsien

Stiftungstag des Regiments: 30. Juli 1791

Errichtung

Im Jahre 1791 wurde in Sachsen das erste Husaren-Regiment errichtet. Die bestehenden sieben sächsischen Kavallerie-Regimenter gaben ihre kleinsten Leute an das neue Husaren-Regiment ab. Der Rest wurde angeworben. Kein Mann durfte größer als 167 cm sein.
Der erste Kommandeur des Regiments war Oberst v. Süßmilch gen. Hörnig. Die Garnisonen des Regiments befanden sich bei Artern an der Unstrut. Aufgrund der Beschlüsse des Wiener Kongresses 1815 wurde Sachsen geteilt, und der nördliche Landesteil kam zu Preußen. Sächsische Soldaten, die im nördlichen Landesteil beheimatet waren, wurden der preußischen Armee überstellt.
Im Dezember 1819 bezog das Regiment die Stadt Grimma als Stabsgarnison.
Durch Order vom 19. Dezember 1822 wurde das Husaren-Regiment in
        ”2. leichtes Reiter-Regiment”
umbenannt.

Im Jahre 1876 erhielt es seine alte Bezeichnung als Husaren-Regiment wieder und hieß nun
        ”2. Kgl. Sächs. Husaren-Regiment Nr. 19”.
Gleichzeitig wurde am 17. Februar 1876 Kronprinz Friedrich Wilhelm des Deutschen Reiches und von Preußen Chef des Regiments bis zu seiner Thronbesteigung als Kaiser Friedrich III. am 9. März 1888. Vom 30. Juli 1891 bis zum 19. Dezember 1907 hatte dann Königin Carola von Sachsen das hohe Amt des Regiments-Chefs inne.
Im Ersten Weltkrieg, am 125. Jahrestag der Errichtung des Regiments, dem 30. Juli 1916, wurde der deutsche Kronprinz Wilhelm zum Chef des Regiments ernannt. Das Regiment erhielt seine letzte Bezeichnung:
        ”2. Kgl. Sächs. Husaren-Regiment Nr. 19
        Kronprinz Wilhelm
des Deutschen Reiches und von Preußen”.

Aus den Feldzügen

Der erste Einsatz des Regiments erfolgte im 1. Koalitionskrieg gegen Frankreich von 1792 bis 1796.
In den Napoleonischen Kriegen stand das Regiment zunächst 1806 im sächsischen Hilfskorps an der Seite Preußens. In der Schlacht bei Jena am 14. Oktober 1806 entging es der Vernichtung durch Napoleon I. Die sächsischen Truppen wollten einen Waffenstillstand und die Rückkehr in die Heimat erwirken. Napoleon I. verlangte dafür die Trennung von Preußen und die Abgabe von Waffen und Pferden.

Aufgrund des Übertritts Sachsens zum Rheinbund und der Verpflichtung zur Gestellung von Hilfstruppen für Frankreich, zog das Regiment 1809 gegen Österreich. Es kämpfte mit viel Fortune am 5. und 6. Juli 1809 bei Wagram.
Das Jahr 1812 brachte den Rußland-Feldzug Napoleons I. Das Regiment wurde am rechten Flügel der französischen Armee eingesetzt und erlitt das gleiche Schicksal wie das Schwester-Regiment, die Prinz Clemens-Ulanen.

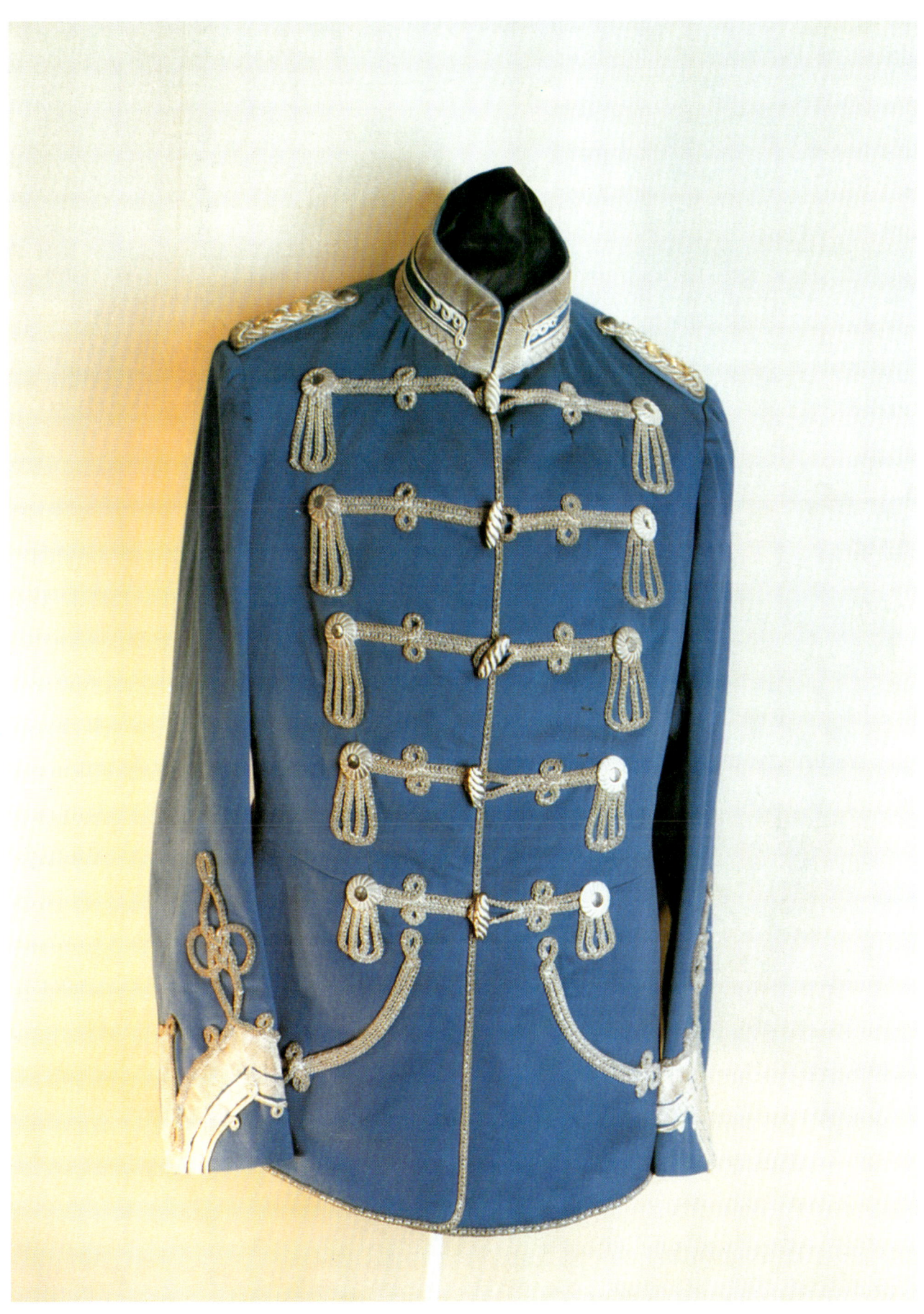

Attila zur Parade (Oberst)

Nachdem das Regiment in der Völkerschlacht bei Leipzig am 18. Oktober 1813 zu den Verbündeten übergetreten war, wurde es in der preußischen Armee des GFM Blücher noch bis 1818 in Belgien und Frankreich eingesetzt.

Bei den Unruhen 1848 und 1849 stellte das Regiment Ruhe und Odnung in ganz West-Sachsen wieder her.

Im Feldzug 1866 stand Sachsen, in den alten Gegensätzen zu Preußen verharrend, auf Seiten Österreichs. Bei Königgrätz teilte das Regiment am 3. Juli 1866 das Los der geschlagenen österreichischen Armee. Anfang November 1866 kehrte es in seine Garnisonen Grimma, Lausigk und Rochlitz zurück.

Im Feldzug gegen Frankreich 1870/71 gehörte Sachsen zum "Norddeutschen Bund" unter der Führung Preußens. Das Regiment wurde der 24. (2. Sächs.) Infanterie-Division zugeteilt und nach Westen in Marsch gesetzt. Es ging über St. Privat an die Maas vor. Dann folgte der Vormarsch zum Einschließungsring vor Paris, und das Regiment besetzte einen Abschnitt nordostwärts der Stadt. Nach Beendigung der Kampfhandlungen verblieb es noch in Frankreich, kehrte am 2. November 1871 nach Leipzig, am folgenden Tage in seine Garnisonen zurück.

Uniform

Attila kornblumblau, weiße Schnüre, Kolpak purpurrot, Reithosen kronblumblau mit weißer Borte, Pelzmütze: Stern und Wappenschild; Offz.: Auf Achselstücken C mit Krone, soweit Offiziere bereits vor Dezember 1907 beim Regiment gestanden hatten; Feldzeichen: weiß-grün.

Weltkrieg 1914-1918

Nach der Mobilmachung rückte das Regiment am 7. August 1914 nach Westen ab. Im Verband der III. Armee ging es bis an die Maas vor und wurde in heftige Gefechte verwickelt. Dann ging es weiter zur Marne und nahm an der Marneschlacht teil. Mitten im weiteren Vormarsch auf Paris traf am 9. September 1914 unvermutet der Rückzugsbefehl ein. Die erste Wende des Krieges zu Ungunsten der deutschen Verbände war eingeleitet. Das Regiment wurde in die Champagne verlegt, und die Husaren wurden im Patrouillendienst und im Grabenkampf eingesetzt.

Von Anfang 1915 bis Mitte 1916 versah das Regiment rückwärtige Dienste im Raume Lille. Im Juli 1916 wurde der Regimentsverband im Rahmen der Heeresumgliederung aufgelöst und die Eskadrons auf Infanterie-Divisionen aufgeteilt, um im wesentlichen rückwärtige Dienste zu verrichten. Der Stab und die 2. Eskadron verblieben bei der 40. Infanterie-Division, die

1. Eskadron kam zur 24. Infanterie-Division und die 4. und 5. Eskadron wurden zur 19. Ersatz-Division nach Lothringen verlegt.

Im weiteren Verlauf des Krieges nahmen die Eskadrons mit dem XIX. Armee-Korps an den Somme-Schlachten 1916 und an der Flandernschlacht 1917 teil.

Im Jahre 1918 wurden sie in ihren Diensten weiterhin im Westen verwendet.

Die 4. Eskadron war Ende 1917 an die Ostfront nach Livland verlegt worden und wurde bis Kriegsende 1918 in Serbien und in Ungarn eingesetzt.

Im November und Dezember 1918 kehrten die Eskadrons einzeln nach Grimma zurück. Anschließend erfolgte die Auflösung des Husaren-Regiments Nr. 19. Die Tradition des Regiments wurde später von der 3. Eskadron des Reiter-Regiments Nr. 12 in Grimma weitergeführt.

Literatur

Geschichte des 2. Kgl. Sächs. Husaren-Regiments Nr. 19 Kronprinz Wilhelm des Deutschen Reiches und von Preußen, von Baumgarten-Crusius, Leipzig 1930

Dienst-Attila (Rittmeister)

3. Husaren-Regiment Nr. 20

XII. (I. Kgl. Sächs.) Armee-Korps	Dresden;	Kd.Gen.: Gen. d. Inf. d'Elsa
32. Division (3. Sächs.)	Dresden;	Gen.Lt. Edler v. d. Planitz
32. Kav.Brig. (3. Sächs.)	Dresden;	Oberst Graf Vitzthum v. Eckstädt

Garnison:	Bautzen
Kdr. des Regiments:	Major Edler v. d. Planitz, m.d.F.b.

Stiftungstag des Regiments: 1. Oktober 1910

Errichtung

Bei der Vermehrung des deutschen Heeres am 1. Oktober 1910 erhielt die Kgl. Sächsische Armee ein achtes Kavallerie-Regiment, wodurch die vier sächsischen Infanterie-Divisionen (23., 32., 24. und 40.) nun mit je einer Kavallerie-Brigade zu je zwei Kavallerie-Regimentern gemäß der Friedenspräsens-Stärke vervollständigt waren.

Das neue Regiment erhielt die Benennung
"3. Kgl. Sächsisches Husaren-Regiment Nr. 20"
mit der Garnison in Bautzen.
Zur Formierung des Regiments wurden abgestellt:
die 3. Eskadron Husaren-Regiment Nr. 18,
die 4. Eskadron Husaren-Regiment Nr. 19,

die 3. Eskadron Ulanen-Regiment Nr. 17 und
die 3. Eskadron Ulanen-Regiment Nr. 18.
Der erste Kommandeur des Regiments war Oberstlt. Frhr. v. Luttitz.
Am 22. Dezember 1911 wurde Major Edler v. d. Planitz mit der Führung des Regiments beauftragt und am 8. Dezember 1913 zum Kommandeur ernannt.
Das Regiment erhielt bei der Formierung bereits die feldgraue Uniform, die die übrigen Regimenter des Reichsheeres ab 1910 neben ihren bunten Uniformen nur zu Gefechtsübungen trugen. Ab Kriegsbeginn 1914 trug dann das gesamte Deutche Reichsheer die feldgraue Uniform.

Uniform

Attila feldgrau, feldgraue Schnüre, Kolpak hellblau, Reithose feldgrau mit gleicher Borte, Pelzmütze: Stern und Wappenschild, Regiments-Nummer; Feldzeichen: weiß-grün.

Weltkrieg 1914-1918

Nach der Mobilmachung rückte das Regiment am 7. August 1914 nach Westen ins Feld. Es wurde der 1. Kgl. Sächs. 23. Infanterie-Division zugeteilt und marschierte durch Luxemburg zur Maas und dann zur Marne. Die erste Feindberührung erhielt das Regiment bei Dinant. Sein Einsatz erfolgte im kavalleristischen Aufklärungs- und Patrouillendienst. Am 9. September 1914 erreichte das vorgehende Regiment der Rückzugsbefehl vor der Marne. Dieser kam völlig

überraschend und wirkte nach den Erfolgen des Regiments in den Tagen zuvor niederschmetternd.
Das Regiment wurde an die Aisne verlegt. Damit war sein kavalleristischer Kampfeinsatz beendet. Die Husaren wurden nun im Grabenkampf und im rückwärtigen Gebiet eingesetzt. Im Oktober-November 1914 wurde das Regiment von einer Typhus-Epidemie heimgesucht. Zahlreiche Regimentsangehörige erlagen der Krankheit.

Dienst-Attila (Oberleutnant)

Von Ende 1914 bis April 1915 wurde das Regiment im Verband der beweglichen Heeres-Reserve der VII. Armee der Kavallerie-Brigade Rüxleben zugeteilt, dann trat es wieder zur 23. Infanterie-Division zurück. Der Einsatz des Regiments erfolgte nun vorwiegend im Grabenkampf Seite an Seite mit der Infanterie.

Am 17. Juli 1916 wurde das Regiment aufgelöst und eskadronsweise verschiedenen Befehlsverbänden unterstellt: 1. Eskadron der 23. Infanterie-Division, 2. Eskadron und Stab der 47. Landwehr-Division, 4. Eskadron der 32. Infanterie-Division und die 5. Eskadron der 123. Infanterie-Division.

Die Einsatzräume waren Somme, Champagne, Siegfriedstellung und Flandern. Die Husaren wurden im Grabenkampf, bei Spähpatrouillen und im rückwärtigen Dienst bei Nachrichtenübermittlungen an höhere Stäbe verwendet.

Die 2. Eskadron wurde im Juni 1917 in den Osten verlegt und in Galizien, Westrußland und dann bis Kriegsende in der Ukraine eingesetzt.

Nach dem Waffenstillstand im November 1918 trafen die Eskadrons bis Ende Januar 1919 einzeln wieder in Bautzen ein.

Das Regiment wurde demobilisiert. Am 9. April 1920 war die Auflösung des Regiments beendet.

Das Husaren-Regiment Nr. 20 bestand nicht mehr.

Später wurde die Tradition des Regiments von der 2. Eskadron des Reiter-Regiments Nr. 12 in Großenhain übernommen.

Literatur   Das 3. Kgl. Sächs. Husaren-Regiment Nr. 20 von Edler v. d. Planitz, Bautzen 1932

Pelzmütze mit Paradestutz
— für Unteroffiziere und Mannschaften

1. Ulanen-Regiment Nr. 17
Kaiser Franz Joseph von Österreich,
König von Ungarn

XII. (I. Kgl. Sächs.) Armee-Korps	Dresden;	Kd.Gen.: Gen. d. Inf. d'Elsa
23. Division (1. Sächs.)	Dresden;	Gen.Lt. Frhr. v. Lindemann
23. Kav.Brig. (1. Sächs.)	Dresden;	Oberst v. d. Decken

Garnison:	Oschatz
Chef des Regiments:	S.M. Kaiser Franz Joseph v. Österreich König von Ungarn
Kdr. des Regiments:	Oberst Frhr. v. Bodenhausen

Stiftungstag des Regiments: 1. April 1867

Errichtung

Im Jahre 1867 wurde die Kgl. Sächsische Armee — nunmehr das XII. Armee-Korps des "Norddeutschen Bundes" — umgestaltet und vermehrt. Zwei Kavalle-rie-Regimenter wurden, an die sächsisch-polnische Tradition anknüpfend, als Ulanen neu aufgestellt. So wurde am 1. April 1867 das

"1. Kgl. Sächsische Ulanen-Regiment Nr. 17"
mit der Garnison in Oschatz errichtet.
Das Garde-Reiter-Regiment und das 1. Reiter-Regiment Kronprinz, das spätere 1. Husaren-Regiment König Albert Nr. 18, gaben je zwei Eskadrons zur Formierung des neuen Regiments ab.
Der erste Kommandeur des Regiments wurde der aus österreichischen Diensten übergetretene Oberstlt. v. Miltitz.
Am 21. November 1891 wurde Kaiser Frank Joseph von Österreich, König von Ungarn, durch König Albert zum Chef des Regiments ernannt, das nun den Namen

"1. Kgl. Sächs. Ulanen-Regiment Nr. 17
Kaiser Franz Joseph von Österreich,
König von Ungarn"
führte.
Ein besonders tragischer Tag für das Regiment in Frie-denszeiten war der 12. September 1911, an dem bei ei-ner Manöver-Übung zehn Ulanen in der Elbe den Tod fanden.
Während des Ersten Weltkrieges bestieg nach dem To-de Kaiser Franz Josephs am 21. November 1916 des-sen Großneffe Karl den Thron.

Am 15. Dezember 1916 wurde Kaiser Karl zum Chef des Regiments ernannt, das nun bis zu seiner Auflö-sung den Namen

"1. Kgl. Sächsisches Ulanen-Regiment Nr. 17
Kaiser Karl von Österreich, König von Ungarn"
trug.

Dienst-Ulanka (Ulan)

Aus den Feldzügen

Im Feldzug gegen Frankreich 1870/71 hatte das junge Regiment seine ersten Kampfeinsätze.

Ende Juli 1870 trat es im Verband des XII. Armee-Korps in Lothringen zur II. Armee des Prinzen Friedrich Karl von Preußen. Das Regiment nahm an Grenzgefechten teil und sicherte dann gegen Verdun. Nach der Schlacht bei Sedan am 1. September 1870, wo das Regiment nicht zum Einsatz kam — es war Reserve des XII. Armee-Korps — wurde es gegen Paris in Marsch gesetzt. Dort sicherte es rückwärtige Verbindungen.

Nach dem Fall von Paris und dem Abschluß des Waffenstillstandes verblieb das Regiment noch bis Mitte 1871 bei der Okkupations-Armee in Frankreich.

Am 11. Juli 1871 erreichte es Dresden und marschierte am 13. Juli 1871 wieder in Oschatz ein.

Uniform

Ulanka aus kornblumblauem Tuch, polnische Aufschläge, auf den Kragen und Aufschlägen weiße Litzen, Kragen, Aufschläge und Paraderabatte purpurrot, Tschapkarabatte weiß, Passanten kornblumblau, Beschläge, Achselschuppen mit österreichischer Krone und Knöpfe gelb, Mütze weiß mit kornblumblauem Besatz, weißer Haarbusch, Reithose und lange Hose: kornblumblau mit purpurroten Streifen; Uffz.: goldene Tressen; Offz.: Litzen Silber, Knöpfe vergoldet, Reithose und lange Hose kornblumblau mit zwei purpurroten Streifen, auf Achselstücken Namenszug "FJ" mit österreichischer Krone; Feldzeichen: weiß-grün.

Weltkrieg 1914-1918

Nach der Mobilmachung rückte das Regiment am 3. August 1914 nach Westen aus. Mit dem Schwester-Regiment, dem Garde-Reiter-Regiment in der 23. Kav.Brig., kämpften die Ulanen in der 8. Kavallerie-Division auf dem westlichen und auf dem östlichen Kriegsschauplatz. Nach der Schlacht in Lothringen im August 1914 wurde die 23. Kavallerie-Brigade im September an die Ostfront verlegt, nahm an der Schlacht an den Masurischen Seen teil, wodurch Ostpreußen von den Russen befreit wurde, ging auf Warschau vor, wurde an der Utrata eingesetzt und ging dann hinter die Warthe zurück. Dies alles geschah im kavalleristischen Einsatz. Im November 1914 nahm das Regiment an der Schlacht bei Lodz teil.

Von Anfang April 1915 bis April 1918 operierte die 23. Kavallerie-Brigade im polnischen Raum an der Rawka, dann in Litauen, Kurland und in Livland. Auch hier erfolgte der Einsatz des Regiments vorwiegend beritten: Erkundungen, Meldungen, Sicherungen. Einsätze, die Ausdauer, Konzentration, Wagemut und hohes reiterliches Können bei den Unbilden der Witterung und den Geländeverhältnissen im östlichen Raum erforderlich machten.

Nach Beendigung der Kampfhandlungen an der Ostfront Mitte 1917, wurde das Regiment bis November 1918 zum Grenzschutz und im Sicherungsdienst in Weißrußland verwendet.

Am 23. Januar 1919 traf es wieder in Oschatz ein, wurde dann demobilisiert und aufgelöst.

Die Tradition des Regiments übernahm später die 4. Eskadron des Reiter-Regiments Nr. 12 in Dresden.

Literatur

Aufzeichnungen über das 1. Kgl. Sächsische Ulanen-Regiment Nr. 17 von Schmalz, Berlin 1891

Das Kgl. Sächsische 1. Ulanen-Regiment Nr. 17 von Fleck, Dresden 1927

Das 1. Kgl. Sächsische Ulanen-Regiment Nr. 17 Kaiser Franz Joseph von Österreich, König von Ungarn von Wilkens, Dresden 1931.

2. Ulanen-Regiment Nr. 18

XIX. (II. Kgl. Sächs.) Armee-Korps	Leipzig;	Kd. Gen.: Gen. d. Art. Graf v. Kirchbach
24. Division (2. Sächs.)	Leipzig;	Gen.Lt. Krug v. Nidda
24. Kav.Brig. (2. Sächs.)	Leipzig;	Gen.Maj. Graf v. d. Schulenburg-Hehlen

Garnison:	Leipzig
Chef des Regiments:	S.M. König Alfons XIII. von Spanien
Kdr. des Regiments:	Major v. Wuthenau-Hohenthurm

Stiftungstag des Regiments: 1. April 1867

Errichtung

Nach dem Frieden von Prag am 23. August 1866, der den Feldzug zwischen Preußen und Österreich beendete, auf dessen Seite Sachsen gestanden hatte, wurde der "Norddeutsche Bund" gegründet, dem die deutschen Staaten nördlich des Mains und das Königreich Sachsen beitraten.

Die gesamten Landstreitkräfte des Bundes wurden der Befehlsgewalt des Königs von Preußen unterstellt.

Hieraus ergaben sich Umgestaltungen für die Kgl. Sächsische Armee und so wurden, in Anknüpfung an die polnische Tradition, zwei Ulanen-Regimenter formiert.

Dies geschah am 1. April 1867. Das 2. Reiter-Regiment (später Husaren 19) und das 3. Reiter-Regiment (später Karabinier-Regiment) gaben je zwei Eskadrons zum neuen

"2. Ulanen-Regiment Nr. 18"
ab.

Der erste Kommandeur des Regiments war Oberst v. Ludwiger. Die Stabsgarnison wurde Rochlitz.

Am 1. April 1897 mußte das Regiment seine bisherigen Standorte mit Leipzig vertauschen.

Im Jahre 1900 trat eine größere Anzahl von Ulanen zum deutschen Kontingent des intern. Expeditions-Korps zur Niederwerfung des Boxer-Aufstandes in China. Desgleichen eilten zahlreiche freiwillige Ulanen des Regiments zu den Truppen, die im Jahre 1904 zur Beendigung der Unruhen in Deutsch-Südwest-Afrika aufgestellt wurden.

Am 5. Oktober 1908 wurde König Alfons XIII. von Spanien zum Chef des Regiments ernannt.

Aus den Feldzügen

Am 16. Juli 1870 wurde das XII. (Kgl. Sächsische) Armee-Korps entsprechend den anderen norddeutschen Bundesheeren zum Feldzug gegen Frankreich mobilisiert.

Das Regiment rückte am 28. Juli 1870 nach Westen aus. Es ging über die Mosel und Maas bis Sedan vor, nahm aber an der Entscheidungsschlacht am 1. September 1870 nicht teil.

Anschließend wurde es zum Einschließungsring vor Paris beordert und sicherte nach Nordfrankreich. Im Verband der I. Armee des Prinzen Friedrich Karl von

Preußen wurde es an der Epte, an der Somme und an der Pise eingesetzt.

Nach Abschluß der Waffenstillstandsverhandlungen bzw. des Vorfriedens von Versailles am 26. Februar 1871 wurde das Regiment Besatzungstruppe in Frankreich.

Ende Juni 1871 begann der Rückmarsch in die Heimat. Am 11. Juli 1871 rückte das Regiment in die Residenz Dresden ein. Am 13. Juli 1871 wurden Stab und die 1. und 5. Eskadron von der Bevölkerung in Rochlitz herzlich empfangen.

Ulanka zur Parade (Oberleutnant)

Uniform	Ulanka aus kornblumblauem Tuch, polnische Aufschläge, auf Kragen und Aufschläge gelbe Litzen, Kragen, Aufschläge, Paraderabatte und Tschapkarabatte purpurrot, Passanten kornblumblau, Beschläge, Achselschuppen und Knöpfe gelb, Mütze weiß mit purpurrotem Besatz, weißer Haarbusch, Reithose und lange Hose: kornblumblau mit purpurroten Streifen; Uffz.: goldene Tressen; Offz.: Litzen Gold, Knöpfe vergoldet, Reithose und lange Hose: kornblumblau mit zwei purpurroten Streifen; Feldzeichen: weiß-grün.

Weltkrieg 1914-1918

Nach der Mobilmachung wurde das Regiment am 6. August 1914 im Verband des XIX. Armee-Korps nach Westen in Marsch gesetzt. Es nahm am Vormarsch in Frankreich teil und wurde im berittenen Einsatz und zu Fuß verwendet.

Ab Anfang 1915, nach Abgabe der 4. Eskadron an eine Infanterie-Division, wurde das Regiment bis September 1915 im Schützengraben eingesetzt. Im Oktober 1915 wurde es dann in den Osten verlegt und bis Juni 1916, wieder zu Pferde, zur Verfügung des General-Gouvernements Warschau gehalten.

Zur Unterstützung von österreichischen Verbänden wurde das Regiment bis September 1916 in Wolhynien und am Stochod eingesetzt.

Ende 1916 bis Anfang 1917 nahm das Regiment am Feldzug gegen Rumänien teil und wurde dann bis Kriegsende an der Grenze nach Bulgarien zur Donau-Sicherung verwendet.

Beim Rückmarsch im November 1918 bildete das Regiment die Nachhut der deutschen Truppen. Über Ungarn und Österreich erreichte es am 26. Februar 1919 in guter Verfassung seine Garnisonstadt Leipzig. Am 9. April 1920 war das Regiment aufgelöst.

Die Tradition des Regiments wurde später von der A-Eskadron des Reiter-Regiments Nr. 12 in Großenhain weitergeführt.

Literatur	Geschichte des 2. Kgl. Sächsischen Ulanen-Regiments Nr. 18 1867-1892, von Schimpff, Leipzig, 1892
	Das Kgl. Sächsische 2. Ulanen-Regiment Nr. 18, II. Teil: 1892-1918, von Bramsch, Stresemann und Dr. Steinbeck, Dresden 1928

94

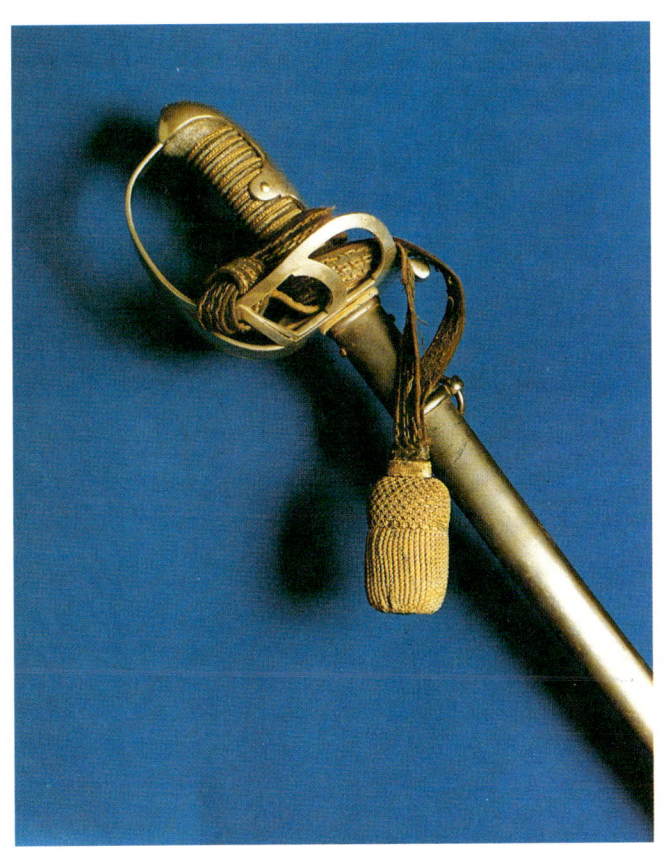

Dienst-Ulanka (Unteroffizier)

3. Ulanen-Regiment Nr. 21
Kaiser Wilhelm II. König von Preußen

XIX. (II. Kgl. Sächs.) Armee-Korps	Leipzig;	Kd.Gen.: Gen. d. Art. Graf v. Kirchbach
40. Division (4. Sächs.)	Chemnitz;	Gen. d. Kav. v. Laffert
40. Kav.Brig. (4. Sächs.)	Chemnitz;	Oberst Frhr. v. Luttitz

Garnison:	Chemnitz
Chef des Regiments:	S.M. Kaiser Wilhelm II. König von Preußen
Kdr. des Regiments:	Oberstlt. Roßbach

Stiftungstag des Regiments: 1. April 1905

Errichtung

Die Stammtruppe des Regiments ist ein nach den Kaisermanövern im Jahre 1903 aus zwei Eskadrons Jäger zu Pferde vereinigtes und unter der Bezeichnung

"Kombiniertes Jäger-Detachement zu Pferde" dem Karabinier-Regiment angegliedertes Kavallerie-Kontingent.

Die erste Eskadron — zunächst Detachement Jäger zu Pferde — war am 1. Oktober 1898 aufgestellt und mit Angliederung an das Garde-Reiter-Regiment in Dresden dem XII. Armee-Korps zugeteilt worden. Die zweite Eskadron wurde am 1. Oktober 1902 formiert und mit Angliederung an das Karabinier-Regiment in Borna dem im Jahre 1899 errichteten XIX. Armee-Korps zugeteilt.

Die Aufgabe der Jäger zu Pferde war zunächst, Hilfskräfte für die Nachrichtenübermittlung bei höheren Stäben und der Infanterie auszubilden und die Kavallerie von Stabswachen und Meldereitern zu entlasten. Im Jahre 1904 wurden die Bestimmungen geändert und die Eskadrons nach den Grundsätzen für die Divisions-Kavallerie ausgebildet.

Am 1. April 1905 bestimmte das sächsische Kriegsministerium auf Allerhöchste Ermächtigung die Errichtung eines neuen Kavallerie-Regiments unter der Bezeichnung

"3. Kgl. Sächsisches Ulanen-Regiment Nr. 21"

mit dem Standort Chemnitz unter Verwendung des eingehenden

"Kombinierten Jäger-Detachements zu Pferde".

Zu dem Regiment traten weiter:

Je eine Eskadron des Garde-Reiter-Regiments und des Karabinier-Regiments. Diese Eskadrons wurden bei den Regimentern ausgelost, und am 3. August 1905 bestimmte ein Allerhöchster Beschluß die 1. Eskadron des Garde-Reiter-Regiments und die 4. Eskadron des Karabinier-Regiments zum 3. Ulanen-Regiment Nr. 21.

Der erste Kommandeur des Regiments war Major Graf v. d. Schulenburg-Hehlen vom 2. Ulanen-Regiment Nr. 18.

Anläßlich eines Besuchs des Kaisers in Dresden ernannte König Friedrich August III. von Sachsen am 25. Oktober 1905 S.M. Kaiser Wilhelm II., König von Preußen, zum Chef des Regiments und bestimmte, daß dieses Regiment nunmehr den Namen

"3. Ulanen-Regiment Nr. 21 Kaiser Wilhelm II. König von Preußen"

führe. Ferner wurde bestimmt, daß

1. die Offiziere dieses Regiments den Namenszug ihres Allerhöchsten Chefs auf den Achselstücken und

2. die Mannschaften und Unteroffiziere die deutsche Kaiserkrone auf den Achselschuppen zu tragen haben.

Uniform	Ulanka aus kornblumblauem Tuch, polnische Aufschläge, auf Kragen und Aufschlägen weiße Litzen, Kragen, Aufschläge und Paraderabatte purpurrot, Tschapkarabatte und Passanten kornblumblau, Beschläge, Achselschuppen mit Kaiserkrone und Knöpfe neusilbern, Mütze weiß mit kornblumblauem Besatz, weißer Haarbusch, Reithose und lange Hose: kornblumblau mit purpurroten Streifen; Uffz.: silberne Tressen; Offz.: Litzen Silber, Knöpfe versilbert, Reithosen und lange Hose: kornblumblau mit zwei purpurroten Streifen, auf Achselstücken Namenszug "W" mit Kaiserkrone; Feldzeichen: weiß-grün.

Weltkrieg 1914-1918

Das Regiment nahm bis Anfang 1918 an allen Kriegsereignissen im Verband der 40. Kavallerie-Brigade mit dem Karabinier-Regiment (2. schweres Regiment) gemeinsam teil.

Am 3. August 1914 verließ es die Garnison Chemnitz und wurde in Richtung Westen verladen. In Lothringen angekommen, wurde es der 8. Kavallerie-Division unterstellt und zunächst zur Sicherung der französischen Grenze eingesetzt. Die erste Feindberührung erhielt das Regiment am 20. August 1914. Dann nahm es am Vormarsch in Frankreich teil.

Ende August 1914 wurde das Regiment vom Westen abgezogen, nach Osten verlegt und in der 8. Kavallerie-Division mit der 1. Kavallerie-Division zum Kavallerie-Korps "Brecht" vereinigt, zur Befreiung Ostpreußens von der russischen Armee Rennenkampf eingesetzt. Ende September 1914 wurde es nach Polen verbracht und ging auf Warschau vor. Es kämpfte bei Skierniewice, Utratra und bei Lodz. Im November 1914 nahm es an der Schlacht bei Lodz teil.

Das Jahr 1915 brachte für das Regiment Stellungskämpfe an der Rawka, Wachdienst an der Weichsel, den Vormarsch und Kampftätigkeiten in Kurland und Stellungskämpfe an der Düna.

Aufgrund einer beim Regiment ausgebrochenen Pferde-Räude, wurde es bis auf 120 Schützen — Abteilung Major Genthe — von Mai bis Jahresende 1916 nach Lyck in Ostpreußen zurückverlegt, um die heimtückische Pferde-Krankheit auszuheilen.

Bei Ausbruch der russischen Revolution im März 1917 verstärkte sich die Kampftätigkeit an der Düna. Ab Juli, nach dem Scheitern der Kerenski-Offensive, war die Angriffskraft der Russen gebrochen. Im November trat auf dem östlichen Kriegsschauplatz Ruhe ein.

Im Februar 1918 begann das Regiment zur Sicherung des russischen Raumes den Vormarsch in der 8. Kavallerie-Division zum Peipus-See.

Am 29. März 1918 wurden die 8. Kavallerie-Division und die 40. Kavallerie-Brigade aufgelöst und die Einheiten auf verschiedene Verbände aufgeteilt. Das Regiment wurde der Armee-Abteilung B zugeteilt, die in den Vogesen an der Westfront in Stellung lag. So wurde es nach Westen verladen, erreichte Mitte April 1918 Colmar/Elsaß und wurde bis Kriegsende in den Vogesen eingesetzt.

Nach Kriegsende wollte das Regiment Anfang Dezember 1918 in seine Garnison Chemnitz zurückkehren. Der Empfang wurde aber eine herbe Enttäuschung. Das Regiment wurde unter dem Druck der Verhältnisse von Revolutionären entwaffnet und lief darauf auseinander.

Die Tradition des Regiments wurde später von der 5. Eskadron des Reiter-Regiments Nr. 12 in Großenhain weitergeführt.

Literatur	Das 3. Kgl. Sächsische Ulanen-Regiment Nr. 21 "Kaiser Wilhelm II. König von Preußen" von Simon-Eberhard, Dresden 1923

Pferderevision

Die Württembergische Kavallerie

Die Geschichte des württembergischen Heeres geht auf die Reichskriegsverfassung des Heiligen Römischen Reiches Deutscher Nation zurück. Kaiser Maximilian I., der letzte Ritter, übergab den Reichsständen im Jahre 1510 den Entwurf einer beständigen Reichskriegsverfassung, in der die Stärke des Reichsheeres auf 10.000 Reiter und 40.000 Mann zu Fuß festgesetzt wurde; allein die Reichsstände verschleppten die Angelegenheit vollständig. Kaiser Karl V. dagegen erreichte auf dem Reichstag zu Worms im Jahre 1521 die tatsächliche Bewilligung von 4.000 Mann zu Pferde und 20.000 Mann zu Fuß. Die Wormser Reichsmatrikel regelten die Verteilung dieser Truppen auf die einzelnen Stände, so hatte der "Schwäbische Kreis", etwa das heutige Baden-Württemberg und der südwestliche Teil Bayerns, 468 Reiter und 3.362 Mann zu Fuß und der Herzog von Württemberg 60 Reiter und 277 Mann zu Fuß aufzubringen.

Auf dem Reichstag zu Augsburg wurde 1555 beschlossen, für jeden Kreis einen Kreisoberen zu wählen, der im Notfall vier Kreise zu mobilisieren und den Oberbefehl über die Truppen zu übernehmen hatte. — Die Kreisoberen des "Schwäbischen Kreises" waren bis zum Dreißigjährigen Krieg stets die württembergischen Herzöge. — Auch diese Einrichtung scheiterte am Widerstand der Reichsstände und ging im Dreißigjährigen Krieg (1618-1648) völlig verloren. Im Jahre 1669 wurde für den "Schwäbischen Kreis" wieder ein Kontingent an Truppen festgesetzt, das einer Reichsgeneralität Gehorsam schwören sollte. Jedoch, niemand wollte Opfer bringen, die Reichsstände wollten neutral bleiben. Es wurde nichts daraus.

Eine Änderung trat im Jahre 1683 ein, als Wien von den Türken belagert wurde. Auf den Hilferuf des Kaisers Leopold I. stellte Herzog Friedrich Karl unter Mithilfe der Kreisstände zwei Regimenter zu Pferde und zwei Regimenter zu Fuß auf und stellte sie dem Reich zur Verfügung. Unter diesen Truppen befand sich das am 12. Juli 1683 neu errichtete "Schwäbische Kreisregiment zu Pferd von Höhnstett". Dieses Regiment hatte seinen Stamm in der herzoglichen Leibwache und gilt als Stammtruppe für die späteren württembergischen Kavallerie-Regimenter.

In Württemberg standen Kreistruppen, Landmiliz und Haustruppen nebeneinander.

— Die Einrichtung des "Schwäbischen Kreises" erlosch mit dem Ende des Heiligen Römischen Reiches Deutscher Nation am 6. August 1806, als Kaiser Franz II. die römisch-deutsche Kaiserwürde niederlegte. —

Als eigentlicher Geburtstag der württembergischen Kavallerie gilt der 8. Februar 1660, an dem Herzog Eberhard III. von Württemberg eine Leibwache zu Pferd aufstellte. In den folgenden Jahren wurden zahlreiche Truppen, darunter auch Reiter, aufgestellt, manche davon an fremde Staaten abgetreten oder wieder aufgelöst. Noch unter Herzog Karl-Eugen (1737-1793) wurden das Dragoner-Regiment Prinz Louis an Österreich und ein Dragoner-Regiment als "Dragoner-Regiment Alt-Württemberg" an Preußen abgetreten. Dann wurden wiederum mehrere Reiter-Regimenter, Kürassiere, Dragoner, Husaren, Feldjäger zu Pferd und Gensdarmes zu Pferd aufgestellt, so daß Württemberg im Jahre 1763 den höchsten Stand seiner Reiterei hatte. Wenige Jahre später wurden wieder Regimenter aufgelöst. Im Jahre 1776 hatte die württembergische Kavallerie nur noch gerade den Bestand eines einzigen Regiments. Dann, im Jahre 1795, gab es keine württembergische Reiterei mehr, lediglich ein württembergisches Kontingent bei den Kreis-Dragonern.

Am 23. Dezember 1797 faßte der tatkräftige Herzog Friedrich II. (1797-1816) — nach dem Reichsdeputationshauptschluß von 1803 Kurfürst und ab 1. Januar 1806 König Friedrich I. von Württemberg — die verschiedenen Reste der Reiterei in ein Kavallerie-Regiment zusammen, wobei das Kreis-Dragoner-Regiment in ein Chevaulegers-Regiment umgewandelt wurde.

Im Jahre 1801 wurde ein weiteres Chevaulegers-Regiment errichtet. Nach der Heeresvermehrung von 1805 infolge des Beitritts Württembergs zum Rheinbund, bestand die württembergische Kavallerie aus sechs Regimentern. Gemäß eines Erlasses Königs Wilhelm I. (1816-1864) vom 19. November 1816 wurden die Kavallerie-Regimenter auf vier vermindert und 1. bis 4. Reiter-Regiment benannt. Andere Bezeichnungen fielen fort.

Nach 1866 trat König Karl I. (1864-1891) in einen vorläufig geheimen Schutz- und Bündnisvertrag mit Preußen ein. Im Jahre 1870 schloß sich Württemberg, wider Erwarten Frankreichs, Preußen und dem Norddeutschen Bund an und kämpfte gegen Frankreich. Am 15. November 1870 wurde in Berlin eine Militärkonvention mit Preußen unterzeichnet, und ab 1. Januar 1871 war Württemberg Glied des am 18. Januar 1871 in Versailles proklamierten Deutschen Reiches.

Die Kgl. Württembergischen Regimenter numerierten nunmehr mit den Kgl. Preußischen und den Kgl. Sächsischen Truppenteilen innerhalb des Reichs-Heeres durch.

Im August 1871 bestimmte König Karl I., die bestehenden vier württembergischen Kavallerie-Regimenter in zwei

Dragoner- und in zwei Ulanen-Regimenter umzuwandeln. So wurde aus dem 1. Reiter-Regiment das spätere "Ulanen-Regiment König Karl (1. Wttbg.) Nr. 19", aus dem 2. Reiter-Regiment das "Dragoner-Regiment König (2. Wttbg.) Nr. 26", aus dem 3. Reiter-Regiment das "Ulanen-Regiment König Wilhelm I. (2. Wttbg.) Nr. 20" und aus dem 4. Reiter-Regiment das "Dragoner-Regiment Königin Olga (1. Wttbg.) Nr. 25".

Diese Regimenter bestanden auch nach dem Gesetz vom 3. Juli 1913.

Das Bild der Uniformen und der Ausrüstung entsprach dem der preußischen Kavallerie-Regimenter (Dragoner-Ulanen), jedoch versehen mit den württembergischen Emblemen.

Wie alle anderen deutschen Kavallerie-Regimenter führten auch die württembergischen Kavallerie-Regimenter ab 1890 Stahlrohrlanzen mit Lanzenflaggen, schwarz-rot für Mannschaften und rot mit Landeswappen für Unteroffiziere.

Im Jahre 1919 wurde die Württembergische Armee nach dem Gesetz vom 6. März 1919 aufgelöst.

König Wilhelm II. von Württemberg, der 1891 den Thron bestiegen hatte, legte die Krone am 30. November 1918 nieder.

KÖNIGREICH WÜRTTEMBERG

Staatswappen

Die Württembergischen Kavallerie-Regimenter 1913/1914

* * *

Ursprung, Aufgaben

Dragoner

Die Bezeichnung Dragoner wird abgeleitet vom französischen dragon "Drache", einer mit einem Drachenkopf verzierten Feuerwaffe, die im 15. Jahrhundert von Fußsoldaten getragen wurde. Später wurden diese Soldaten auf Pferde gesetzt, um schneller zum Einsatzort zu gelangen und dort abgesessen zu kämpfen.

Allmählich trat bei dieser "aufgesessenen Infanterie" das Fußgefecht in den Hintergrund. Die Truppe wurde vom 18. Jahrhundert an als vollwertige, später aber leichte Kavallerie eingesetzt.

Die Uniform der Dragoner glich sehr der der Infanterie, wodurch die ursprüngliche Herkunft dieser Reiter-Truppe zum Ausdruck gebracht wurde.

Ulanen

Die Ulanen waren eine aus Osteuropa stammende und stets Lanzen führende Reiter-Truppe.

Die Aufgaben der bestehenden Regimenter waren die der schweren Kavallerie, also in geschlossenem Angriff als sogenannte Schlachten-Kavallerie einzugreifen.

Die Uniformen der Ulanen hatten einen traditionell polnischen Zuschnitt und waren bei den Ulanen aller Armeen zum Verwechseln ähnlich.

Dragoner-Regiment Königin Olga (1. Württemberg.) Nr. 25

XIII. (Kgl. Württemb.) Armee-Korps	Stuttgart;	Kd.Gen.: K.P. Gen. d. Inf. v. Fabeck
26. Division (1. Wttbg.)	Stuttgart;	Gen.Lt. Wilhelm, Herzog v. Urach, Graf v. Württemberg, D.
26. Kav.Brig. (1. Wttbg.)	Stuttgart;	Gen.Maj. Robert, Herzog v. Württemberg, K.H.

Garnison	Ludwigsburg
Chef des Regiments:	S.M. der Kaiser und König von Preußen Wilhelm II.
Kdr. des Regiments:	Oberstlt. v. Gleich

Stiftungstag des Regiments: 17. November 1813

Standarte des Dragoner-Regiments
Königin Olga
(1. Württembergisches) Nr. 25, verliehen 1851
Stiftungstag: 17. 11. 1813
Standort: Ludwigsburg

Errichtung

Am 17. November 1813 errichtete König Friedrich von Württemberg aus dem aufgelösten Leib-Chevaulegers-Regiment Nr. 2 ein neues Regiment, das den Namen "Jäger-Regiment zu Pferde Nr. 4 Prinz Adam" erhielt. Chef dieses Regiments wurde Prinz Adam Carl Wilhelm Stanislaus Eugen Paul Ludwig von Württemberg (geb. 16. Janaur 1792), Sohn des Herzogs Ludwig von Württemberg, der als Generalleutnant die Führung der württembergischen Kavallerie-Divisionen übernommen hatte.

Die Stammtruppe des Regiments, das Leib-Chevaulegers-Regiment, war am 5. Oktober 1805 errichtet worden, weil Kurfürst Friedrich II. — ab 1806 König Friedrich von Württemberg — nach Ausbruch des österreichisch-französischen Krieges 1805 aus politischen Gründen gezwungen war, sich dem Rheinbund und damit Frankreich anzuschließen und aufgrund einer Abmachung vom 4. Oktober 1805 6.300 Mann und 80 Pferde zur französischen Armee stellen mußte, was eine erhebliche Heeresvermehrung der württembergischen Armee zur Folge hatte.

Ab Oktober 1813 begann Württemberg sich vom Rheinbund zu lösen. Ein am 2. November 1813 geschlossener Bündnisvertrag von Fulda brachte den Anschluß Württembergs an Österreich; somit hatte sich das Königreich den Verbündeten — Österreich, Preußen und Rußland — angeschlossen.

Der erste Kommandeur des am 17. November 1813 errichteten Jäger-Regiments zu Pferde Nr. 4 Prinz

Adam war Oberst Frhr. v. Gaisberg. Die ersten Garnisonen des Regiments wurden Ludwigsburg, Kirchheim und Teck und Nürtingen, dann Lauterburg und Umgebung.

Nach Beendigung des Feldzuges von 1815 verblieb das Regiment als Besatzung in Frankreich, wurde am 31. März 1817 in "4. Reiter-Regiment" umbenannt und trat erst im November 1818 den Rückmarsch in die Heimat an. Über Ludwigsburg rückte das Regiment nach Ulm, wo es bis zum 4. Oktober 1833 verblieb, um dann wieder nach Ludwigsburg zu wechseln und nach weiteren fünf Jahren im Juli 1838 den Standort Eßlingen zu beziehen. Am 3. Juni 1845 bezog das Regiment eine neue Kaserne in Stuttgart. 1852 kehrte es wieder in seine historische Kaserne am Karlsplatz in Ludwigsburg zurück. Ludwigsburg blieb nun die endgültige Garnison für das Regiment.

Am 19. Dezember 1864 wurde die Gemahlin König Karls, Königin Olga (geb. 11. September 1822, Tochter des russischen Kaisers Nikolaus I. und seiner Gemahlin Alexandra Feodorowna, geb. Prinzessin Charlotte von Preußen, Schwester des Königs Wilhelm I. von Preußen und späterer Kaiser Wilhelm I.) zum Chef des Regiments ernannt, das von da an den Namen "4. Reiter-Regiment Königin Olga" führte.

Nachdem Württemberg am 1. Januar 1871 Glied des Deutschen Reiches geworden war, erhielten die württembergischen Regimenter innerhalb des deutschen Bundesheeres außer der württembergischen Nummer

Dragoner-Mantel

auch noch eine fortlaufende im Reichsverband. Schon im August 1870 hatte König Karl bestimmt, daß das 1. und 3. Reiter-Regiment in Ulanen-Regimenter und das 2. und 4. Reiter-Regiment in Dragoner-Regimenter umzuwandeln seien.

So erhielt das bisherige "4. Reiter-Regiment Königin Olga" am 2. Oktober 1871 die Bezeichnung "1. Draggoner-Regiment (Königin Olga)", am 18. Dezember 1871 die Benennung "1. Württembergisches Dragoner-Regiment (Königin Olga) Nr. 25" und am 14. Dezember 1874 seinen endgültigen Namen "Dragoner-Regiment Königin Olga (1. Württemberg.) Nr. 25". Am 1. Juli 1906 bezogen die 2., 3. und 5. Eskadron die neue Königin Olga-Kaserne in Ludwigsburg.

Am 7. September 1909 ernannte König Wilhelm II. anläßlich einer Parade auf dem Cannstatter Wasen S.M. Kaiser Wilhelm II. zum Chef des Regiments.

Aus den Feldzügen

Die am 5. Oktober 1805 errichtete Stammtruppe des Regiments, das Leib-Chevaulegers-Regiment, kämpfte innerhalb der württembergischen Kavallerie-Brigade unter Oberst von L'Estocq im Verband der französischen Korps des Prinzen Jerôme 1806/07 in Schlesien und Ostpreußen gegen Preußen. Sie ritt erfolgreiche Attacken bei Strehlen (24. Dezember 1806) und bei Heilsberg (10. Juni 1807). Im Feldzug 1809 Österreich gegen Frankreich kämpfte das Regiment mit den Rheinbundtruppen und zeichnete sich insbesondere durch die Attacken der Eskadron Bismarck am 1. Mai 1809 bei Riedau aus.

Am 5. Februar 1812 wurden die vier Regimenter der württembergischen Armee wiederum mobilisiert, um 16 Eskadrons für das württembergische Truppencorps zur französischen Armee zum Feldzug Napoleons I. gegen Rußland zu stellen. Im Verband des III. französischen Korps unter Marschall Ney zog das Stamm-Regiment nach Osten einem Feldzug entgegen, aus dem bis auf 18 Offiziere und 48 Mann alle anderen Regiments-Angehörigen nicht mehr heimkommen sollten. Die Namen Inkowo, Krasny, Smolensk, Borodino und Wjasma bezeichnen Stationen des Regiments. In der Völkerschlacht bei Leipzig trat das Regiment auf Befehl des Brigade-Kommandeurs General Graf Normann am 18. Oktober 1813 unter dem Eindruck des Yorck'schen Entschlusses vom 30. Dezember 1812 im Ungehorsam gegen den König zu den Verbündeten über. Auf dem Rückmarsch nach Württemberg wurde das Regiment wegen dieses Ungehorsams am 17. November 1813 aufgelöst.

Anfang 1814 rückte nun das neu errichtete Jäger-Regiment zu Pferde Nr. 4 Prinz Adam auf Seiten der Verbündeten im Verband des IV. Armee-Korps unter Kronprinz Friedrich Wilhelm von Württemberg gegen Napoleon I. in Frankreich ein. Es attackierte mehrere Male erfolgreich, verlor aber zwei Drittel seines Bestandes.

Das Jahr 1815 (Rückkehr Napoleons I. von Elba) brachte für das Regiment nochmals Einsätze bei kleineren Gefechten im Elsaß.

Der Feldzug von 1866 Preußen gegen Österreich stellte Württemberg an die Seite der anderen süddeutschen Staaten innerhalb der Bundes-Armee (VIII. BK) gegen Preußen. Das nunmehrige "4. Reiter-Regiment Königin Olga" nahm nur an Gefechten am 24. Juli 1866 bei Hardheim und Tauberbischofsheim gegen die preußische Main-Armee des Generals v. Manteuffel teil und hatte im ganzen Feldzug fünf Tote, vier Verwundete und vier Vermißte. Am 9. August 1866 löste sich das VIII. Bundes-Korps auf, die württembergischen Regimenter zogen der Heimat entgegen. Das Regiment wurde am 16. August 1866 im flaggengeschmückten Stuttgart empfangen. Der Feldzug hatte genau zwei Monate angedauert.

Im Feldzug gegen Frankreich 1870/71 wurden die württembergischen Truppen aufgrund des im Jahre 1867 zwischen Preußen und Württemberg abgeschlossenen Schutz- und Trutzbündnisses am 26. Juli 1870 dem Oberbefehl des Königs von Preußen unterstellt. Das Regiment kam zu der Reiter-Brigade der württembergischen Feld-Division, die zur III. Armee des preußischen Kronprinzen trat. Es nahm am 6. August 1870 an der Schlacht bei Wörth teil und wurde teilweise auch in der Schlacht bei Sedan am 1. September 1870 eingesetzt. Anschließend kam das Regiment zum Belagerungsring vor Paris. Am 29. Juni 1871 zog es wieder in das festlich geschmückte Ludwigsburg ein.

Uniform   Waffenrock aus kornblumblauem Tuch, schwedische Gardeaufschläge, weiße Abzeichen-
farbe, weiße Gardelitzen mit roten Spiegeln, Helmbeschlag weiß mit württembergischem
Wappen, Knöpfe gelb, weißer Helmbusch, auf Achselklappen rote "O" mit Krone, Ban-
delier mit Beschlag Kaiserkrone und Namenszug (Kaiser) Wilhelm I. und Beschlag wttbg.
Königskrone auf wttbg. Wappen; Landeskokarde: schwarz-rot; Offz.: auf Epauletten und
Achselstücken goldenes "O" mit Krone, silbernes Bandelier.

Weltkrieg 1914-1918

Nach der Mobilmachung überschritt das Regiment die
lothringisch-französische Grenze am 8. August 1914
im Verband der 7. Kavallerie-Division und nahm an
Grenzgefechten in Lothringen teil. Im September
1914 wurde es an den rechten Flügel der deutschen
Armee nach Belgien befördert, um nach dem Rückzug
von der Marne am "Wettlauf zum Meer" teilzunehmen. Im November 1914 wurde das Regiment wieder
nach Elsaß-Lothringen zurückverlegt und fand dort
Verwendung im Grabenkampf.
Die Jahre 1915/1916 verbrachte das Regiment als Be-
satzungstrupppe in Belgien, um dann erstmals in grö-
ßeren kavalleristischen Einsätzen im Feldzug gegen
Rumänien (Oktober 1916 bis Januar 1917) Verwendung zu finden.
Am 12. Januar 1917 wurde es wieder nach Belgien zurückverlegt und mußte im April vorläufig und im Oktober 1917 endgültig die Pferde abgeben. Ab Mai 1917
ging es ins Elsaß zum Stellungskampf. Im Oktober

1917 wurde das Regiment einer Kavallerie-Schützen-
Division zugeteilt, damit war aufgrund der Gegebenheiten die Umwandlung zum rein infanteristischen
Einsatz vollendet. Im Frühjahr 1918 erhielt das Regiment eine Spezialausbildung für den Infanterie-An-
griff, um in einer als kriegsentscheidend gedachten
Flandernoffensive eingesetzt zu werden. Dazu kam es
aber nicht. Das Regiment, nun ein Infanterie-Batail-
lon, wurde ab Juli 1918 in den großen Abwehrschlachten an der Westfront eingesetzt. Im Oktober 1918
wurde es nach schweren Verlusten aus der Front gezogen und in das ruhige Oberelsaß befördert. Dort erreichte das Regiment die Nachricht von der Revolution und vom Kriegsende am 9. November 1918.
Das Regiment zog ordnungsgemäß in die Heimat und
wurde aufgelöst.
Die Tradition der "Olga-Dragoner" wurde später von
der 1. Eskadron des Reiter-Regiments Nr. 18 in Ludwigsburg übernommen.

Literatur   Geschichte des Dragoner-Regiments Königin Olga (1. Württ.) Nr. 25 von Spieß und Ritter, Ludwigsburg

Tradition des ehem. Dragoner-Regiments Königin Olga (1. Württemberg.) Nr. 25 von
Einsenhart-Rothe und W. Beckmann, Berlin 1936

Unteroffizier-Patrouille

Ausmarsch des Regiments zur Parade

Eskadrons-Exerzieren im Gelände 1890

Dragoner-Regiment König (2. Württemberg.) Nr. 26

XIII. (Kgl. Württemb.) Armee-Korps	Stuttgart;	Kd.Gen.: K.P. Gen. d. Inf. v. Fabeck
26. Division (1. Wttbg.)	Stuttgart;	Gen.Lt. Wilhelm, Herzog v. Urach, Graf v. Württemberg, D.
26. Kav.Brig. (1. Wttbg.)	Stuttgart;	Gen.Maj. Robert, Herzog v. Württemberg, K.H.
Garnison:	Cannstatt	
Chef des Regiments:	S.M. König Wilhelm II. v. Württemberg	
Kdr. des Regiments:	Oberstlt. Wehl	

Stiftungstag des Regiments: 6. Dezember 1805

Ehrenstandarte des Dragoner-Regiments König (2. Württemberg.) Nr. 26.

Errichtung

Im Jahre 1805 wurde Kurfürst Friedrich II. von Württemberg durch Napoleon I. gezwungen, dem Rheinbund beizutreten und ein Truppenkontingent zur französischen Armee zu stellen. Dieses hatte eine Heeresvermehrung der württembergischen Armee zur Folge und war der Anlaß zur Errichtung des Leichten Jäger-Regiments zu Pferde Prinz Paul am 6. Dezember 1805.

Die erste Garnison war Eßlingen.

Seit dem 12. März 1807 führte das Regiment die Bezeichnung "Herzog Louis". Am 19. November 1816 verfügte König Wilhelm I., daß die ganze württembergische Kavallerie nur noch aus einer Division zu vier Regimentern bestehen solle. Besondere Benennungen der Regimenter wurden abgeschafft, sie wurden einfach mit 1. bis 4. Reiter-Regiment bezeichnet. Das Regiment erhielt die Benennung "2. Reiter-Regiment". Im August 1870 bestimmte König Karl die Umwandlung des Regiments in ein Dragoner-Regiment, zusammen in einer Brigade mit dem 4. Reiter-Regiment, das ebenfalls in ein Dragoner-Regiment umgewandelt wurde. So erhielt das Regiment die Benennung "2. Dragoner-Regiment" und am 23. Dezember 1891 seinen endgültigen Namen

"Dragoner-Regiment König (2. Württemberg.) Nr. 26".

Am 25. Juli 1894 wurde es nach Cannstatt verlegt.

Aus den Feldzügen

Das neu errichtete Regiment kämpfte bereits in den Jahren 1806/07 im französischen Korps des Prinzen Jérôme gegen Preußen. Es wurde im schlesischen Festungsgebiet eingesetzt und nahm an dreizehn Gefechten teil.

Im Feldzug 1809 Frankreich gegen Österreich gehörte das Regiment zum VIII. französischen Korps und stand bei mehreren Gefechten im bayerischen Raum. Bei einer Attacke nahe Linz/Donau setzte das Regiment die österreichische Artillerie außer Gefecht und erbeutete sechs Geschütze. Weitere Gefechte vor Wien folgten bis zum Friedensschluß am 14. Oktober 1809.

Anfang Februar 1812 trat das Regiment zum Rußlandfeldzug Napoleons I. an. Mit polnischen Husaren und preußischen Ulanen zu einer "Brigade étrangère" vereinigt im II. französischen Kavallerie-Korps, ging das Regiment kämpfend bis Moskau vor, wo es am 14. September 1812 biwakierte. Nach der für Frankreich verlorenen Schlacht von Tarutino am 8. Oktober 1812 bestand das Regiment nur noch aus fünf Offizieren und etwa 20 Mann. Es hatte insgesamt 565 Mann verloren und löste sich am 10. Oktober 1812 selbst auf. Am 19. Oktober 1812 begann der Rückzug. Nur Trümmer der württembergischen Armee erreichten wieder die Heimat.

Am 16. März 1813 erklärte Preußen Frankreich den Krieg. Das Regiment wurde neu errichtet, wurde dem IV. französischen Korps Bertrand unterstellt und nahm am Frühjahrsfeldzug gegen Preußen teil. Im Herbstfeldzug wurde es der Armee der französischen Marschälle Quidnot und Ney zugeteilt und in Brandenburg bei Berlin und in der Völkerschlacht bei Leipzig (16. bis 19. Oktober 1813) eingesetzt. Danach sagte sich König Friedrich von Württemberg vom Rheinbund los, und das Regiment kehrte in die Heimat zurück.

Am 26. Oktober 1813 rückte es wiederum aus, diesmal mit den Verbündeten — Österreich, Preußen und Rußland — gegen Frankreich. Mit der Schlacht bei Paris am 30. März 1814 endete der Feldzug.

Das Jahr 1815 (Rückkehr Napoleons I. von Elba) brachte dem Regiment den sechsten Feldzug innerhalb von zehn Jahren. Es zog wieder gegen Frankreich aus, nahm an den Gefechten in Elsaß-Lothringen teil, ritt eine erfolgreiche Attacke bei Hagenau und kämpfte am 28. Juni 1815 bei Straßburg.

Im Feldzug von 1866 Preußen gegen Österreich stand Württemberg innerhalb der Bundes-Armee gegen Preußen. Das Regiment nahm mit zwei Eskadrons an den Gefechten bei Tauberbischofsheim (24. Juli) und bei Gerchsheim (25. Juli) teil und gehörte mit zwei Eskadrons zu den Besatzungstruppen der Festung Ulm. Im Feldzug 1870/71 gegen Frankreich wurde das Regiment zur Sicherung rückwärtiger Verbindungen eingesetzt.

Uniform

Waffenrock aus kornblumblauem Tuch, schwedische Aufschläge, zitronengelbe Abzeichenfarbe, Helmbeschlag weiß mit wttbg. Wappen und silbernem Stern des Ordens der wttbg. Krone, Knöpfe weiß, schwarzer Helmbusch, auf den Achselkappen rotes "W" mit Krone; Landeskokarde: schwarz-rot; Offz.: auf Epauletten und Achselstücken goldenes "W" mit Krone.

Weltkrieg 1914-1918

Das Regiment rückte im August 1914 mit dem Schwester-Regiment, den "Olga-Dragonern" in der 26. (1. Wttbg.) Kavallerie-Brigade vereint, der preußischen 30. Kavallerie-Brigade mit Dragoner-Regiment Nr. 15 und Husaren-Regiment Nr. 9 und der preußischen 42. Kavallerie-Brigade mit den Ulanen-Regimentern Nr. 11 und Nr. 15 in der 7. Kavallerie-Division nach Frankreich aus, nahm an den Grenzgefechten und dann am 20. August 1914 an der Schlacht in Lothringen teil. Anfang September 1914 wurde es nach Nordfrankreich verladen, um an der Umfassung des linken Flügels der feindlichen Front teilzunehmen. So kam es am 16. September 1914 an einen Punkt bei Compiègne, 65 Kilometer Luftlinie von Paris entfernt. Der Rückzug von der Marne bedeutete für das Regiment, einen feindlichen Durchbruch und dann durch den "Wettlauf zum Meer" die drohende feindliche Umfassung zu verhindern. Ende Oktober 1914 stand es in Flandern und kämpfte bei Lille und Ypern.

Am 15. November 1914 wurde das Regiment aus der Front gezogen und wieder nach Lothringen verladen. Ab Januar 1915 befand es sich dann im Einsatz in den Vogesen. Ende Oktober 1915 wurde das Regiment nach Belgien zum Grenzschutz gegen Holland verlegt, den es bis Oktober 1916 ausübte.

Am 15. Oktober 1916 wurde es zum Feldzug nach Rumänien verladen, der weitgehend im kavalleristischen Einsatz geführt wurde. Nach Kämpfen im Vul-

kangebirge und bei ungünstigsten Wetterverhältnissen im Innern von Rumänien, erreichte das Regiment im Januar 1917 Kronstadt. Am 27. Januar 1917 wurde es hier wieder zur Westfront zurück verladen und traf Anfang Februar 1917 in Belgien ein.

Zunächst wurden nun im April die Pferde vorläufig, Ende 1917 endgültig abgegeben. Das Regiment wurde in den Vogesen infanteristisch ausgebildet, einer Kavallerie-Schützen-Division unterstellt und schließlich in das Dragoner-Bataillon 26/41 umgewandelt. Ab August 1918 wurde es in den großen Abwehrschlachten im Westen eingesetzt. Am 30. Oktober 1918 wurden die Reste des Regiments aus der Front gezogen und ins Elsaß verlegt. Hier erlebte es am 9. November 1918 das Kriegsende.

Am 12. November 1918 wurde der Rückmarsch angetreten, und am 30. November 1918 zogen die letzten "König-Dragoner" in Cannstatt ein und wurden feierlich empfangen.

Dann wurde das Regiment demobilisiert und aufgelöst.
Die Tradition der "König-Dragoner" wurde später
von der 2. Eskadron des Reiter-Regiments Nr. 18 in
Stuttgart-Cannstatt übernommen.

Literatur

Das Wttbg. Dragoner-Regiment König im Ersten Weltkrieg 1914-1918, von Gen.Maj.
Wehl, Stuttgart, 1921

Tradition des ehem. Dragoner-Regiments König (2. Wttbg.) Nr. 26 von Eisenhart-Rothe
und W. Beckmann, Berlin 1936

Ulanen-Regiment König Karl (1. Württemberg.) Nr. 19

XIII. (Kgl. Wttbg.) Armee-Korps	Stuttgart;	Kd.Gen.: K.P. Gen.d. Inf. v. Fabeck
27. Division (2. Wttbg.)	Ulm/Donau	K.P. Gen.Lt. Graf v. Pfeil u. Klein-Ellguth
27. Kav.Brig. (2.Wttbg.)	Ulm/Donau;	Oberst Frhr. Thumb v. Neuburg

Garnison:	Ulm/Donau
Chef des Regiments:	S.M. König Wilhelm II. v. Württemberg
	Herzogin Wera v. Württemberg, Großfürstin von Rußland, K.H.
Kdr. des Regiments:	Major Oerthling

Stiftungstag des Regiments: 25. August 1683

Errichtung

Im Jahre 1683 standen die Türken vor Wien und bedrohten das Reich. Auf den Hilferuf des Kaisers Leopold I. vermehrte Herzog Friedrich Karl von Württemberg unter Mithilfe der schwäbischen Kreisstände seine Truppen, errichtete am 12. Juli 1683 auch das nach seinem ersten Kommandeur benannte Reiter-Regiment "Schwäbisches Kreisregiment zu Pferd v. Höhnstett", und stellte sie dem Reich zur Verfügung. Das Reiter-Regiment ist die Stammtruppe der König-Karl Ulanen und zählt zu den ältesten Regimentern der deutschen Kavallerie.

Im Jahre 1731 wurde das Regiment in "Kreis-Dragoner-Regiment" und dann 1792 in "Kreis-Dragoner-Regiment-Württemberg" umbenannt. Herzog Friedrich II. von Württemberg (1797-1816), ab 1802 Kurfürst Friedrich II. und ab 1. Januar 1806 König Friedrich I. von Württemberg, gliederte das Regiment 1811 mit Husaren und Dragonern neu als "Chevaulegers-Regiment Nr. 1".

Nach dem Feldzug von 1812 gegen Rußland wurden die heimgekehrten Reste des Regiments zu einem "Leibkavallerie-Regiment Nr. 1" neu aufgestellt. Unter König Wilhelm I. erhielt das Regiment nach einer Verfügung vom 19. November 1816 im Jahre 1817 die Bezeichnung "1. Reiter-Regiment".

Am 19. Dezember 1864 erklärte sich König Karl von Württemberg zum Chef des Regiments, das nun den Namen "1. Reiter-Regiment König Karl" erhielt. Am 2. Oktober 1871 wurde es in "1. Ulanen-Regiment (König Karl)" umbenannt und bekam am 18. Dezember 1871 die Bezeichnung "1. Wttbg. Ulanen-Regiment (König Karl) Nr. 19".

Am 14. Dezember 1874 erhielt das Regiment seine endgültige Benennung

"Ulanen-Regiment König Karl (1. Wttbg.) Nr. 19".

Im Jahre 1888 wurde die Herzogin Wera von Württemberg zum zweiten Chef des Regiments ernannt.

Am 23. Dezember 1891 erklärte sich König Wilhelm II. von Württemberg zum Chef des Regiments. Die Garnisonen des Regiments wechselten häufig und befanden sich in Ludwigsburg (1757-1806, 1814-1833, 1837-1849 und 1856-1872), Ulm (1809-1814, 1849-1856 und ab 1894), Eßlingen (1833-1837) und Stuttgart 1872-1894).

Der Stiftungstag des Regiments wurde Allerhöchst auf den 25. August 1683 festgesetzt.

Dienst-Ulanka (Ulan) — auf die Epauletten gehört Namenszug "KR" mit Krone

Aus den Feldzügen

Das Regiment nahm in seiner 236jährigen Geschichte an einer Vielzahl von Feldzügen, Schlachten und Gefechten gegen die Türken, gegen Frankreich, Preußen, Österreich und Rußland teil. Es stand dabei im Spanischen Erbfolgekrieg (1701-1714), von 1756-1763 im Siebenjährigen Krieg gegen Preußen und in den Napoleonischen Feldzügen in den Jahren 1805, 1806/07, 1809 auf Seiten Frankreichs gegen Österreich und Preußen. Im Jahre 1812 zog es mit Napoleon I. nach Rußland, kehrte aber nach den Schlachten bei Smolensk und Borodino und den ungeheueren Strapazen des Feldzuges nur mit wenigen Zügen in die Heimat zurück. Neu zum Leibkavallerie-Regiment aufgestellt, wurde es im Jahre 1813 wieder gegen die Verbündeten Österreich, Preußen und Rußland eingesetzt und nahm u. a. an der Schlacht bei Leipzig (16. bis 19. Oktober 1813) teil.

Im Feldzug Preußen gegen Österreich 1866 stand das Regiment im Verband des VIII. Bundes-Armee-Korps und wurde am 24. Juli 1866 im Gefecht von Tauberbischofsheim von preußischen Truppen der Main-Armee geschlagen.

Nach dem Schutz- und Bündnisvertrag mit Preußen trat das Regiment im Feldzug 1870/71 innerhalb der württembergischen Armee unter dem Oberbefehl des Königs von Preußen gegen Frankreich an. Es stand in der III. Armee unter Führung des Kronprinzen Friedrich Wilhelm von Preußen und nahm an der Schlacht bei Wörth (6. August 1870), an der Schlacht bei Sedan (1. September 1870) und an der Einschließung und Belagerung von Paris teil. Am 2. Juni 1871 wurde der Rückmarsch angetreten, und am 29. Juni 1871 zog das Regiment zunächst in Stuttgart und dann in die festlich geschmückte Garnison Ludwigsburg ein.

Uniform

Ulanka aus blauem Tuch, polnische Gardeaufschläge, am Kragen silberne bzw. weiße Garde-Litzen, Kragen, Aufschläge, Paraderabatte, Tschapkarabatte, Epaulettenfelder und Passanten ponceaurot, Beschlag und Knöpfe weiß, weißer Haarbusch; Uffz.: weißer Haarbusch, oben schwarz-rot, Namenszug "KR" mit Krone; Offz.: weißer Haarbusch mit schwarz-roter Wurzel; Feldzeichen: schwarz-rot.

Weltkrieg 1914-1918

Nach der Mobilmachung wurde das Regiment, zum XIII. (Wttbg.) Armee-Korps und damit zur 5. Armee gehörend, im August 1914 zunächst zum Grenzschutz in Lothringen eingesetzt. Am 18. September 1914 begann der Vormarsch durch Luxemburg und Belgien zur Maas. Von dort aus ging es in die Argonnen, wo die Ulanen bis Dezember 1915 im Verband der Infanterie im Graben eingesetzt wurden.

Anfang 1916 wurde das Regiment nach Flandern verlegt und vor Ypern verwendet. Der sich zu Materialschlachten entwickelnde Stellungskrieg erforderte eine Neuorganisation der Truppen-Verbände. So wurden die Eskadrons des Regiments auf verschiedene Infanterie-Divisionen aufgeteilt und zum Teil bis Kriegsende 1918 in schweren Kämpfen an der Front, im Etappendienst oder zum Grenzschutz gegen Holland einge-

setzt. Vorwiegend versahen die Eskadrons jedoch Melde-, Beobachtungs- und Erkundungsdienste für die Infanterie-Divisionen.

Die 2. Eskadron wurde im Oktober 1917 zum Feldzug gegen Italien an die Isonzo-Front abgezogen, kehrte aber Ende 1917 in den Westen zurück.

Nach Kriegsende im November 1918 rückten die Eskadrons einzeln bis Ende Dezember wieder in Ulm ein und wurden von der Bevölkerung jeweils herzlich empfangen.

Am 30. September 1919 wurde das Regiment aufgelöst.

Die Tradition des Regiments wurde später von der A-Eskadron des Reiter-Regiments Nr. 18 in Stuttgart-Cannstatt übernommen.

Literatur

Das Ulanen-Regiment "König Karl" (1. Wttbg.) Nr. 19 im Weltkrieg 1914-1918 von Dr. Beutner, Stuttgart 1927

Tradition des ehem. Ulanen-Regiments König Karl (1. Wttbg.) Nr. 19 von Eisenhart-Rothe und W. Beckmann, Berlin 1936

Ulanen-Regiment König Wilhelm I. (2. Württemberg.) Nr. 20

XIII. (Kgl. Wttbg.) Armee-Korps	Stuttgart;	Kd.Gen.: K.P. Gen. d. Inf. v. Fabeck
27. Division (2. Wttbg.)	Ulm/Donau	K.P. Gen.Lt. Graf v. Pfeil u. Klein-Ellguth
27. Kav.Brig. (2. Wttbg.)	Ulm/Donau	Oberst Frhr. Thumb v. Neuburg

Garnison:	Ludwigsburg
Chef des Regiments:	I.M. Königin Charlotte v. Württemberg
Kdr. des Regiments:	Oberst Ulrich Herzog v. Württemberg, K.H.

Stiftungstag des Regiments: 24. Juli 1809

Errichtung

Am 24. Juli 1809 ordnete König Friedrich I. von Württemberg die Errichtung eines Dragoner-Regiments aus den Depots der Kavallerie in Ludwigsburg an. Der erste Kommandeur wurde Oberstlt. v. Massenbach. Die Garnisonierung erfolgte in Ludwigsburg. Am 11. Oktober 1809 ernannte der König den Kronprinzen Wilhelm zum Chef des Regiments, dessen Namen es auch erhielt. Im Januar 1810 bezog das Regiment in Mergentheim Garnison. Am 28. Mai 1810 erhielt es die neue Benennung
"Kavallerie-Regiment Nr. 5 Dragoner Kronprinz"
und zog am 5. November 1810 in die neuen Standorte Kirchheim und Nürtingen ein, von wo es nach Eßlingen wechselte. Am 4. Dezember 1814 wurde das Regiment in "Kavallerie-Regiment Nr. 3 Dragoner Kronprinz" umbenannt.
Unter König Wilhelm I. wurde die Bezeichnung des Regiments im Jahre 1816 in "3. Reiter-Regiment" abgeändert. In den Jahren von 1817 bis 1866 wechselte das Regiment häufig seine Standorte zwischen Ludwigsburg, Eßlingen und Ulm, um dann letztlich in Ludwigsburg zu verbleiben.
Im Jahre 1866 trat König Karl die Regierung an. Das Regiment erhielt den Namen "3. Reiter-Regiment König Wilhelm".
Nach der Rückkehr aus dem Feldzug 1870/71 wurde das Regiment in ein Ulanen-Regiment umgewandelt und bekam am 18. Dezember 1871 die Bezeichnung "2. Württbg. Ulanen-Regiment König Wilhelm Nr. 20". Im Dezember 1874 erhielt es den Namen "Ulanen-Regiment König Wilhelm (2. Wttbg.) Nr. 20".
Nach der Thronbesteigung von König Wilhelm II. im Jahre 1891 wurde Königin Charlotte von Württemberg zum Chef des Regiments ernannt.

Eine Allerhöchste Order vom 6. November 1891 bestimmte, daß das Regiment als endgültige Bezeichnung
"Ulanen-Regiment König Wilhelm I.
(2. Württemberg.) Nr. 20"
tragen sollte.

Ulanka zur Parade (Leutnant)

Aus den Feldzügen

Das Regiment erhielt seinen ersten Einsatz im Feldzug 1814 gegen Frankreich auf Seiten der Verbündeten Österreich, Preußen und Rußland. Stationen siegreicher Gefechte waren Bar-sur-Aube und Arcis-sur-Aube. Am 2. April 1814 marschierte das Regiment durch Paris. Am 20. Juni 1814 kehrte es in die Garnison Eßlingen zurück. Die Rückkehr Napoleons I. von Elba im März 1815 erforderte einen erneuten Feldzug gegen Frankreich. Zunächst ging das Regiment am 8. Mai 1815 bis zum Rhein vor, um nach Eintreffen der Siegesmeldung von Waterloo am 21. Juni 1815 in Frankreich einzumarschieren. Am 26. November 1815 war das Regiment wieder in Eßlingen.
Im Feldzug 1866 Preußen gegen Österreich rückte das Regiment im Verband des VIII. Bundes-Armee-Korps gegen Preußen aus. Es kam zur Konfrontation mit der preußischen Main-Armee an der Tauber-Linie, in deren Verlauf die württembergischen Truppen am 24. Juli 1866 bei Tauberbischofsheim geschlagen wurden. Im Feldzug 1870/71 gegen Frankreich stand das Regiment in der württembergischen Felddivision unter dem Befehl des Königs von Preußen und überschritt den Rhein am 4. August 1870 bei Maxau. Die 1. und die 2. Eskadron gingen bis zu den Vogesen vor. Im Verband der III. Armee nahm das Regiment an der Schlacht bei Sedan am 1. September 1870 teil und rückte dann zur Einschließung von Paris ab. Am 28. Januar 1871 kapitulierte Paris.

Am Morgen des 29. Juni 1871 fand der feierliche Einzug der württembergischen Truppen nach siegreicher Beendigung des Krieges in Stuttgart statt.

Uniform   Ulanka aus blauem Tuch, polnische Aufschläge, Kragen, Aufschläge, Paraderabatte, Tschapkarabatte, Epaulettenfelder und Passanten zitronengelb, Beschlag und Knöpfe weiß, weißer Haarbusch; Uffz.: weißer Haarbusch oben schwarz-rot, Namenszug "W" mit Krone; Offz.: Passanten schwarz-rot, weißer Haarbusch mit schwarz-roter Wurzel; Feldzeichen: schwarz-rot.

Parademarsch im Trab

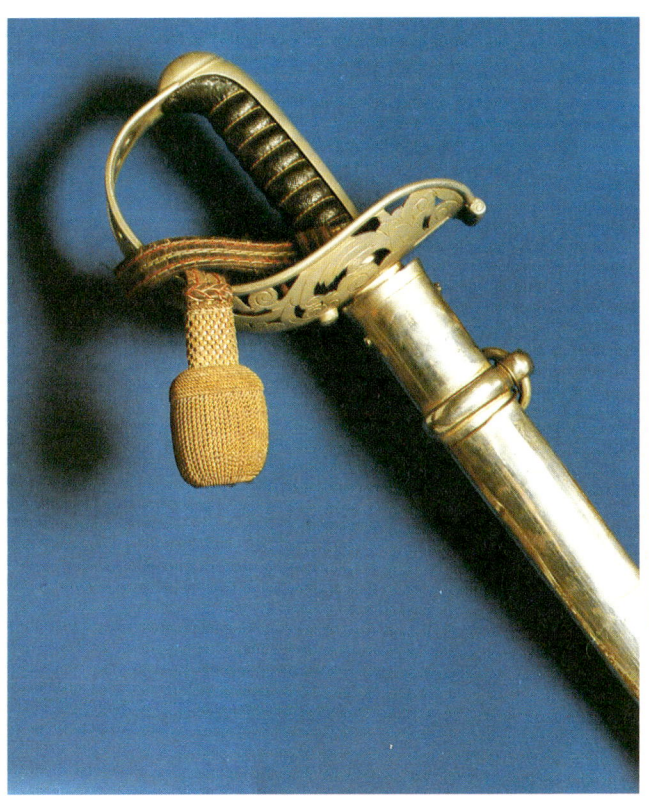

Weltkrieg 1914-1918

Nach der Mobilmachung rückte das Regiment als Divisions-Kavallerie der 26. (1. Wttbg.) Infanterie-Division aus und machte als solche den Bewegungskrieg in West und Ost mit. Seine Hauptaufgabe war hierbei Aufklärung, Sicherung und Verbindung. Später erfolgte der Einsatz besonderer Schützenabteilungen im Grabenkrieg.

Zur V. Armee gehörend, marschierte das Regiment durch Luxemburg nach Belgien. Dort nahm es an Gefechten bei Longwy und Longuyon am 21. bis 27. August 1914, sowie an Kämpfen an der Maas und in den Argonnen teil. Weitere Stationen waren Lille und Ypern.

Im November 1914 wurde das Regiment in den Osten verlegt und kam zur IX. Armee (Mackensen). Es wurde nun an der Weichsel, in Südostpreußen und am Narew im Patrouillen- und im Grabendienst eingesetzt. Im September 1915 wurde die 26. (1. Wttbg.) Infanterie-Division nach Südungarn verladen, wo sie im Verband mit k. und k. Truppen zu einer Offensive nach Serbien antrat. Mitte Dezember 1915 kehrte das Regiment an die Westfront zurück und wurde bis Mitte 1916 in den Stellungen in Flandern und vor Ypern eingesetzt. Am 7. Juli 1916 wurde der Regiments-Verband aufgelöst und die Eskadrons auf verschiedene Infanterie-Divisionen verteilt. So wurden sie als Divisions-Kavallerie im Oberelsaß, in Lothringen, im Osten in der Ukraine und in den Argonnen bis Kriegsende verwendet.

Im Dezember 1918 kehrten die Eskadrons einzeln nach Marbach am Neckar zurück, wo sie demobilisiert und aufgelöst wurden.

Die Tradition des Regiments wurde von der 1. Eskadron des Reiter-Regiments Nr. 18 in Ludwigsburg übernommen.

Literatur

Bilder aus der Geschichte des Ulanen-Regiments König Wilhelm I. (2. Wttbg.) Nr. 20 von Frhr. Hiller v. Gaertringen, Stuttgart 1934

Tradition des ehem. Ulanen-Regiments König Wilhelm I. (2. Wttbg.) Nr. 20 von Eisenhart-Rothe und W. Beckmann, Berlin 1936

Im Dorfquartier — K. B. Ulan, Jäger und Reiter

2. K. B. Ulanen-Regiment König — Trompeter

Bayerische Kavallerie im Gelände um 1886

2. K.B. Chevaulegers-Regiment Taxis

Offizier   Chevaulerger

Vorderseite: Attacke deutscher Ulanen und ungarischer Husaren gegen russische Kosaken vor Warschau 1914

Ulanen-Regiment König Karl (1.Wttbg.) Nr. 19 — Ausmarsch zur Parade

Kgl.Sächs. Garde-Reiter-Regiment (1. schw. Regiment)
beim Exerzieren 1906

Schlußwort

Auch die Bayerischen, Sächsischen und Württembergischen Kavallerie-Regimenter bestehen nicht mehr und gehören der Geschichte an.

Ihr Ende war ebenfalls bedingt durch die mit Gesetz vom 6. März 1919 angeordnete Auflösung der "Alten Armee" aufgrund der Friedensbedingungen der Siegermächte für den verlorenen Ersten Weltkrieg von 1914 bis 1918.

In der Deutschland durch dasselbe Gesetz zugestandenen "Reichswehr" wurden wieder 18 Reiter-Regimenter formiert.

Das Reiter-Regiment Nr. 12 führte die Traditionen der acht Kgl. Sächsischen-, das Reiter-Regiment Nr. 17 die Traditionen der zwölf Kgl. Bayerischen- und das Reiter-Regiment Nr. 18 die Traditionen der vier Kgl. Württembergischen Kavallerie-Regimenter von 1913/1914 weiter.

Die in den Texten angegebenen Traditions-Eskadrons beziehen sich auf das Jahr 1934 (Reichswehr).

Hinweise
1. Die Abbildungen sind veröffentlicht mit Genehmigung der Schild-Verlag GmbH in München,
2. Die Uniform-Fotografien stammen aus einer Privat-Sammlung und dem Bayerischen Armee-Museum in Ingolstadt.

Allen Institutionen und Frau Ursula Schmidt herzlichen Dank für die Bereitschaft und Mithilfe, die zum Gelingen dieses Werkes wesentlich beigetragen haben.

Hugo F. W. Schulz

Uniformerläuterung

Achselklappen
Verschiedenfarbige Stoffklappen auf den Achseln des Waffenrocks bei Unteroffizieren und Mannschaften mit Regimentsnummern oder Namenszügen, geknöpft mit einem Knopf mit Esk.-Nummer. Die bayer. Kav.-Rgt. trugen Achselklappen ohne Zeichnung.

Achselschnüre
Zwei nebeneinanderliegende Plattschnüre in weiß oder gelb bei Unteroffizieren und Mannschaften auf den Achseln des Attilas bei Husaren.

Achselschuppen
Ganzmetall-Epauletten in Schuppenform auf den Achseln des Kollers oder der Ulanka bei sächs. Kav.-Rgtn.

Achselstücke
Vier nebeneinanderliegende silberne Plattschnüre auf den Achseln, getragen von Offizieren zum Dienst und zum Überrock, Husarenoffiziere auch zur Parade, bei Stabsoffizieren silber-geflochten, bei Generalen golden-geflochten.

Attila
Kurzer Uniformrock für Husaren, auf der Brust mit fünf waagerechten Schnüren untereinander besetzt und durch fünf Knebel geschlossen. Ärmel, Rücken und Schöße mit 5 mm Kantschnur verziert — ungarische Herkunft.

Bandelier
Schulterriemen zum Tragen von Waffen oder Kartuschen.

Epauletten
Halbmondförmige Achselstücke.

Kartusche
Ehem. Patronentasche mit Deckelbeschlag am Bandelier getragen.

Kokarde
Nationalitätskennzeichen in den Reichs- oder Landesfarben, an Kopfbedeckungen getragen, auch Nationale oder Feldzeichen genannt.

Koller
Uniformrock aus Tuch, durch Haken geschlossen.

Kolpak
Ein aus Tuch genähter Beutel an der linken Seite der Husaren-Pelzmütze.

Küraß
Brustharnisch aus Metall.

Paraderabatte
V-förmiges Brustteil, das bei Paraden auf die Ulanka bei Ulanen oder auf den Waffenrock bei Chevaulegers geknöpft wurde.

Passanten
Schlaufen zum Einschieben der Epauletten.

Pelz-Mütze
Kopfbedeckung für Husaren, Offiziere ab 1912 graue Opossumfell-Mützen, Unteroffiziere und Mannschaften schwarze Seehundfell-Mützen.

Polnische Aufschläge
Spitz zugeschnittene Aufschläge an den Ärmeln mit einem Knopf auf den Aufschlägen (Ulanen).

Raupenhelm
Helme mit Raupen aus Fell, die 1871 durch den Helm mit Spitze (Pickelhaube) ersetzt wurden. In Bayern wurde der Helm mit Spitze erst 1886 eingeführt.

Schwedische Aufschläge
Runde Aufschläge an den Ärmeln mit zwei Knöpfen auf den Aufschlägen nebeneinander.

Tschapka
Kopfbedeckung für Ulanen aus schwarzlackiertem Leder mit rundem Vorderschirm, ohne Nackenschirm, auf einem Hals ein viereckiger Deckel — polnische Herkunft —.

Tschapkarabatte
Rabatte um den Hals zwischen Ulanen-Tschapka und Deckel.

Ulanka
Waffenrock für Ulanen mit vorne zur Taille zwei V-förmig zusammenlaufenden Knopfreihen mit je sieben Knöpfen — polnisch-russische Herkunft.

Personen-Register